幼兒園、家庭與社區
理論與實務

林佳芬　著

五南圖書出版公司 印行

序

　　「孩子的生活環境是由家庭、學校、社區這三個同心圓，由內而外所組成的。～Essa & Rogers（1992）」幼兒教保服務不能獨立於家庭、社會系統之外，教保服務人員必須與家庭、社區建立合作關係，以建構有助於幼兒全面發展的成長環境。國內在「教保合一」改革後所制定的新法──《幼兒教育與照顧法》，即明確的說明了彼此之間的關係與職責：「幼兒園教保服務應以幼兒為主體，遵行幼兒本位精神，秉持性別、族群、文化平等、教保並重及尊重家長之原則辦理。推動與促進幼兒教保服務工作發展為政府、社會、家庭、幼兒園及教保服務人員共同之責任。」此外，《幼兒園教保活動課程大綱》的理念通則中也提及：「幼兒園、家庭和社區應建立夥伴關係，教保人員應提供多元化的實際參與經驗，以加深幼兒對家庭、社群的情感與在地文化的認同，培養幼兒面對、接納和欣賞不同文化的態度，以因應自由民主社會之發展趨勢。」本書希望藉由相關學理與實務的闡述，讓關心幼兒的我們──教保人員、家長、社區民眾、政府機構……等，以豐富多元的視野、彼此交融的立場，為我們的下一代建構合宜的生長情境。

　　據此，本書章節分成理論篇與實務篇。在理論篇部分，首先說明幼兒園、家庭與社區的意涵與彼此的關聯，並以幼兒的成長與學習為主體，探究有哪些學理可以進一步的說明並印證三者的功能與其重要性。本書彙整的相關學理包括兩個理論架構──人類發展生態系統理論、文化資本與社會資本理論，與一項美國著

名的大型實證計畫——啓蒙方案。接續再以歐美、亞洲及國內的相關法規政策，說明幼兒園、家庭與社區三者整合的教育方針，已是當代世界各國主要的學前教育趨勢之一。在實務篇部分，則是希望能提供幼兒園、家庭與社區三者整合的相關實作模式，本書先以作者的相關實證研究經驗，作爲相關案例的說明。本書所建議的兩種模式分別爲：1.資源投遞模式，即以幼兒園爲資源的投遞者，將親職教育方案投遞給社區中有服務需求之家庭；2.資源匯聚模式，即以幼兒園爲資源的匯聚中心，透過課程領導將資源整合成學校本位課程。在補充案例的部分，本書以「社區家庭親職服務方案」與「幼兒園學校本位課程領導」兩個實作爲例。期盼書籍的付梓，能拋磚引玉，讓更多人關注幼兒園、家庭與社區的相關議題。

林佳芬　謹誌

目錄　**Contents**

理論篇

「孩子的生活環境是由家庭、學校、社區這三個同心圓，由內而外所組成的。～Essa & Rogers (1992)」

 第一章 幼兒園、家庭與社區的夥伴關係與相關學理

本章的內容包括了三個部分：首先，論述幼兒園、家庭與社區的意涵；其次，探究幼兒園、家庭與社區的相關學理；再者，分析幼兒園、家庭與社區的夥伴關係。

壹、幼兒園、家庭與社區的意涵

幼兒園、家庭與社區三者的關係為何？為什麼這三者會成為近代世界各地學前教育改革的重要議題呢？首先要從三者的定義開始論述。

一、幼兒園（Preschool）

幼兒園的意涵，本文分成兩個部分以闡述之。首先依據國內學前教保相關法規與政策來說明其定義與內涵，幼兒園提供了教育與保育功能，是國內教保機構的總稱。接續以同為華人的香港與鄰近的日本為例，論述各地的學前教育機構會因應民情與政策而有其特色與差異。

（一）提供教育與照顧服務的學前教保機構

依據國內2011年公布的《幼兒教育及照顧法》第2條，幼兒係指2歲以上至入國民小學前的孩童，而幼兒園則是指針對幼兒所提供教育與照顧服務的機構。目前國內的幼兒園分成公立、私立（含公辦民營）等兩類。根據教育部統計處（2013）的調查顯示，幼兒園共有6,611所，其中公立機構有1,888所，私立則占了4,723所。公私立機構的比例約為3比7。由於公立幼兒園能提供的招生人數有限，申請入學時會以具有弱勢身分者為優先，所以大多數的幼兒就讀於私立幼兒園。除了機構隸屬上有公立與私立的差異外，幼兒園尚有機構改制上的不同。

在2012年施行《幼兒教育及照顧法》以前，幼兒園分成幼稚園（kindergarten）與托兒所（nursery），幼稚園為招收4歲至學齡前幼兒，隸屬於教育局管轄；托兒所則招收2歲至學齡前幼兒，隸屬於社會局管轄。由於幼稚園與托兒所提供的教育與保育功能重疊，卻有不同的立案與管轄標準，遂於2012年的新法施行後，已經將兩者整合為「幼兒園」。幼兒園在新法中的英文譯名為preschool，包括了以往既有的兩種機構，其管轄則已經明確的歸屬於中央教育部與地方教育局，被視為具有學校功能的教保機構。幼兒園一詞，是目前國內在學前教保機構上的總稱。

（二）因應各國民情與政策而有其特色與差異

然而，世界各地的學前教保機構名稱並不齊一，在收托幼兒的年齡與服務內容等方面，也會因應當地的民情與政策而有所差異。以同為華人社會的香港為例，當地的學前教保機構稱為幼稚園，招收3-6歲的幼兒。由於香港的學前教育緣起於民間慈善團體與志願辦學單位等，當地並沒有公立幼稚園，所有幼稚園均為私營機構，分成非牟利幼稚園與私立獨立幼稚園兩類（香港特別行政區政府，2013），家長可以運用政府所發行的教育學券來選擇幼稚園，大多數的幼兒就讀於受政府支助的非牟利幼稚園，而就讀私立獨立幼稚園則相對較少。另，與我們鄰近的日本，其學前教保機構分成幼稚園與保育所。臺灣由於受日本殖民的影響，在新法施行前的幼稚園與托兒所即類似日本的分流制度。日本的幼稚園招收3歲至學齡前幼兒，提供一般家庭半日制的教保服務；保育所則是提供出生至學齡幼兒全天制的教保服務，但是需要具備雙薪、單親、疾病……等之家庭條件限制的入園資格審定。（日本文部科學省，2013；日本厚生勞動省，2013）。此

二者的區分是在家庭結構與社會福利需求，一樣是分流制度，但是這兩種機構並沒有如同臺灣之前幼稚園與托兒所在教保功能有重疊的問題。可知，各地政府會因應其歷史沿革、民情需求，而延續或調整其學前教保制度，據此幼兒教保機構亦會具有其特色與差異。

　　據此，本文將幼兒園定義為：「幼兒園為收托2歲至學齡前的幼兒，提供教育與保育整合性服務的機構，歸屬於教育部主管機關管轄，是目前國內學前教保機構上的總稱。然而，各國學前教保機構會因應民情與政策的不同，而有名稱、收托年齡、服務內容等方面的特色與差異。」

二、家庭（Family）

　　家庭的意涵，本文分成兩個部分以闡述之。首先論述家庭的組成要件，隨著社會變遷與家庭結構的鬆綁，已呈現出其複雜與多元的面向。接續再討論當代家庭的共同問題——少子化，並分析臺灣目前每個家庭生育幼兒人數低於一人的現況，已衝擊著社會發展與各級教育產業，學前教保機構將為首當其衝。

（一）因應社會變遷與家庭結構的鬆綁，其形式與組成變得複雜且多元

　　家庭是人類生命的起源，它的組成主要是憑藉著血緣與法律，然而隨著家庭形式的變動，它的組成因素也變得複雜而多元，傳統的血親與姻親關係不再是現代家庭唯二的依據。國內學者郭靜晃（2010）以廣泛的角度為其定義，家庭是社會組織的基本單位，也是個體最早社會化的場所，它包括了個人的出生、種族的繁衍、國家的建立、文化的傳承及社會秩序的維持，他並指出家庭自遠古迄今一直具有共同居住、保護、情感支持、經

濟合作、教育功能、性與生殖等功能。可知，時代的變遷對於人們可以多元的管道取代原本由家庭所提供的功能。美國學者Gestwicki（2007）認為家庭是最適合人類的制度，它調整自己以因應社會的變遷，不斷的調整自己的形式與功能。他針對家庭成員進行分析，認為家庭的成員隨著社會文化演進，對於家庭結構產生了鬆綁，家庭成員的組成是可變動的，並非是永久不變的靜態關係，而是一種動態的歷程。其中婚姻關係的改變，包括結婚、離婚、再婚、繼親等變動，甚至是不婚，這些都是影響家庭形式與成員的重要因素。

如前文所述，隨著社會的變遷，家庭關係也會跟著因應與調整，以往我們認為必須有實質的婚姻契約才能構成家庭在法律上的要件。但是，當代的家庭關係已經不同於以往的單一。複雜的關係，讓家庭成員的組成與相處形成了危機。因此，在人身保障部分，採定的是廣義的實際關係。依據《國內家庭暴力防制法》（2009）第3條：「本法所定家庭成員，包括下列各員及其未成年子女：一、配偶或前配偶。二、現有或曾有同居關係、家長家屬或家屬間關係者。三、現為或曾為直系血親或直系姻親。四、現為或曾為四親等以內之旁系血親或旁系姻親。」可知，為保護家庭成員的安全，已經擴大了對於家庭成員的認定，包括了之前的家人關係與同居關係。然而，相對於家屬身分與財產繼承的部分則是不同，國內法律則是在民法親屬篇與繼承篇有明確的法文規範，有關於家屬關係親等的計算方式與遺產分配與繼承之順序與比例。

（二）少子化是當代家庭的全球性危機，學前教保機構將是首要因應者

　　然而，日趨緊張的家庭關係，造成了不婚與失婚族群的上升；此外，失業率與經濟低迷亦影響了年輕家庭的生育意願；工作壓力與環境汙染等亦增加了不孕機會；這些總總的家庭現況，形成了當代家庭共有的全球危機——少子化（The trend of fewer children）。少子化代表著出生率下降，所造成幼兒人口急速下降的一種趨勢。對此，經濟合作暨發展組織（ Organization for Economic Co-operation and Development, OECD）（2007）認為，每名婦女在育齡期間平均的生育子女數，在移民和死亡率沒有變動的假設下，總生育率必須為2.1人時，才能確保社會人口數量的穩定性，因此2.1人也被視為是少子化現象的指標。根據內政部戶政司（2012）的資料顯示，臺灣在1960年代的總生育率為6人，1990年代降為1.7人，2000年再降為1.5人，直至2010年為0.895人。對照著2.1人的少子化指標，國內少子化問題已經累積了二十多年，目前是最嚴重短少的時期，每個家庭的平均子女數不到1人，亦可顯示出新生兒銳減所形成的社會問題與相關隱憂。

　　為了鼓勵家庭的生育率，2011年立法院三讀通過《所得稅法》第17條修正案，增訂幼兒學前特別扣除額條款。從2012年1月1日起，家中若有5歲以下子女的納稅義務人，每人每年將可享有新臺幣2萬5千元的扣除額減稅優惠。同年，行政院也開始審查育兒津貼實施計畫，希望在排富條款下，補助育有0至2歲幼兒而無法就業的家庭，給予2,500至5,000元的育兒津貼。幼兒出生率遞減並非只是臺灣所面臨的危機，而是各國先進國家的共同現象，也會對於之後的各級教育產業形成巨大衝擊，其中學前

教保機構則是第一波必須因應的被挑戰者（林佳芬，2011）。因此，幼兒出生、照顧與教育，並非只是單一的家庭問題或教育改革口號，而是社會變革與人類繁衍的關鍵核心。當我們在討論社會發展的相關議題時，家庭是最基礎的單位，也是根本的源頭，不容忽視。

據此，本文將家庭定義為：「家庭為生命的起源，也是社會的基礎單位；隨著社會的變遷與家庭結構的鬆綁，現代家庭的形式與組成已經變得複雜且多元。其中家庭生育率大幅降低所形成的少子化現象，是目前全球性的共同危機，將會衝擊著各級教育產業，以學前教保機構為先。」

三、社區（Community）

社區的意涵，本文分成兩個部分以闡述之。首先依據社會學者對於社區與社會的界定，瞭解社區包括了人群、地域與相互關係，是由一群特定的人群在一定的地理區域裡產生互動的關係。接續論述社區不只是幼兒活動的區域，更是他們生長的家園，家庭與幼兒園應與社區進行連結，進行教育資源的整合。

（一）特定的人群在一定的地理界線裡產生互動的關係

社區一詞最早的學術解說是由德國的社會學家F. Tönnies（1855-1936），於1881年在他的著作《共同體與社會：純粹社會學的基本概念》中所論述的。社區一詞源於拉丁語的Communis，意思是具有親密關係和共同地域之意。在德語中為Geneinschaft，代表社區、團體、共同體、公社等之意（林榮遠，1999譯）。Tönnies將社區與社會進行解說，他認為「社區」是通過血緣、鄰里和朋友關係所建立起的人群組合；這些人際交流包括了他們的意向、習慣、回憶等生命歷程，所以社區如

同會生長的有機體。他認為社會是靠人的理性權衡所建立起的人群組合，必須通過權力、法律、制度等方式組織起來；人們被迫的藉由契約、規章來彼此聯繫，所以社會如同是機械化的合成體。在Tönnies的觀點中，社區是人性的聚合，而社會是制度的聚合，隨著人類文明的發展，會由社區邁向社會。

Naess（1989）主張社區最適合解決社會問題，因為它是介於國家與家庭之間的橋梁，承上啟下。江亮演、林勝義與林振裕（2004）建議政府在進行社區的行政劃分時，應該要考量三種因素，1.地理因素：例如地理區域、地緣形勢、生態特性、住宅型態、資源狀況等；2.人口因素：例如人口分布、居民的職業結構等；3.心理因素：例如歷史關係、文化背景、居民的意向、興趣和需求等。李子建、楊曉萍與殷潔（2009）則彙整出一個完善的社區的五個要件，包括：1.共同生活的人群；2.賴以生存的地域；3.完善的服務措施；4.制度和管理機構；5.成員的認同感與歸屬感。可知，社區是一個縮小的社會、一個縮小的區域，但是它並不是單指空間或行政區，人的意願與聚合才是核心要項。簡言之，社區兼具了自然界的地理區域、政府的行政區域，也是人們群居的文化區域；其組成要件包括了人群、地域與相互關係，意即由一群特定的人群在一定的地理區域裡，產生互動的關係。

（二）社區是幼兒生長的家園，家庭與幼兒園應進行教育資源的整合

社區的人群聚合是以人與家庭為基礎單位，提供了當地民眾的生活資源與環境，並經由家庭與社區資源的整合，形成了家園的聚落。然而，對於家庭中幼兒而言，他們無法如同成人可以

依據意願選擇社區，也不能在沒有成人的協助下便利的進出社區，這是他們在學齡前所長時間學習與生活的區域，也是他們除了原生家庭之外的次環境。由前文可瞭解，社區並非只是靜態的地域，而是充滿人文與資源的動態環境。因此，社區不只是幼兒活動的區域，更是他們生長的家園。然而，家園裡除了家庭外，幼兒所就讀的幼兒園亦在社區之中，家庭與幼兒園應如何與社區進行連結呢？黃人頌（1989）揭示了社區與學前教育之間的關係，並認為社區的自然環境、社會習俗、人口等，都會對於學前教育產生重大的影響。李生蘭（2006）主張，社區與學前教育之間的關係應為共建、共享、共發，幼兒園應該充分利用社區資源，並為社區提供各種服務。

Gestwicki（2007）則指出社區具有教育資源，包括天然資源、人力資源、以及物質資源等三項。1.天然資源是指腳程可以到達的範圍，包括：公園、寺廟、教堂、學校、商店、博物館、老人院、溪流、田野、樹林；2.人力資源是指附近居民、鄰里鄰居等，他們具有自己的社會經濟能力、種族、文化等背景，也有他們不同的專業技能；3.物質資源，由上述的天然與人力資源所連結而成的物質資源，例如社區有天然資源木頭、也有從事木工的人力資源，可以將兩者連結來製作木製的學習用具。林家興（2007）認為社區資源包括了政府和民間機構所提供的服務，有些是免費的、有些是需要付費的；與生活息息相關的社區資源，例如有醫療機構、心理諮商機構、社會服務與福利機構、其他社區資源……等。郭靜晃（2010）則認為，幼兒園與社區有緊密的地緣與人文關係，在與社區進行連結時，應該要考量社區的需求與條件，同時激勵家長與社區居民，參與服務並持續推廣，適時評估調整，如此才能真正連結，例如運用社區公共設施、舉

辦社區親職教育……等。

　　據此，本文將社區定義爲：「社區具有親密關係和共同地域之意，是介於家庭與國家間的橋梁，兼具了地理的、行政的與人文的空間區域等種類。社區的組成要件，包括了人群、地域與其相互關係，意即由一群特定的人群在一定的地理區域裡產生互動的關係。社區不只是幼兒活動的區域，更是他們生長的家園，家庭與幼兒園應與社區進行教育資源的整合。」

貳、幼兒園、家庭與社區的相關學理

　　藉由前文於幼兒園、家庭與社區等意涵的解說後，我們已經初步的瞭解到這三者的定義與彼此間的關聯；接著要以幼兒的成長與學習爲主體，探究有哪些學理可以進一步的說明並印證三者的功能與其重要性。本文彙整的相關學理包括兩個理論架構——人類發展生態系統理論、文化資本與社會資本理論，與一項美國著名的大型實證計畫——啓蒙方案。

一、人類發展生態系統理論（Bio-ecological Systems Theory of Human Development）

　　人類發展生態系統理論是本文首要介紹的幼兒園、家庭與社區的相關理論之一，因爲這項理論提供了整合性的觀點，在此之前將三者進行系統性分析的論點並不多，常見的是心理學家研究幼兒，社會學家研究家庭，人類學家研究社會與環境等。直至美國心理學教授——Urie Bronfenbrenner於1979年，提出人類發展生態系統理論。

（一）理論背景

Urie Bronfenbrenner（1917-2005年）為美國著名的心理學家，是人類發展生態系統理論的創始人，也是參與美國啟蒙計畫（Head Start）的主要研究者之一。他以不同於時勢的視野，讓人們重新省思人類的發展，由生命史的脈絡來理解幼兒時期學前啟蒙教育的重要性。Bronfenbrenner的理論基礎在於他具有跨文化與跨領域的生命歷程。Bronfenbrenner在幼兒時期與父母居住在前蘇聯，後來在美國成長與求學，這樣跨文化的生活經驗，讓他體驗到社會、文化等生活情境對於幼兒學習的深遠影響。成長後，他又兼具跨領域學習的專長，他在康乃爾大學取得心理學與音樂學的雙學位；除了長年的大學教職外，在早期他也曾經歷過軍官受訓與軍旅生涯，這些歷練也使得他的心理學論述不只有傳統的觀點，他更加入社會學、人類學與教育學的視角。此外，Bronfenbrenner所提出的理論受到蘇聯心理學家Lev Vygotsky（1896-1934年）的影響，他們均重視幼兒的生長環境，並強調社會文化是不容忽視的背景因素。除了同樣有過生活於蘇聯社會主義的共同體驗外，他們也關注弱勢幼兒，Vygotsky與Bronfenbrenner同樣具有跨學科領域的歷程，他學習過醫學、法學與文學，所提出的理論應用於心理學、社會學與教育學（Bronfenbrenner, 2004; Edinete & Jonathan, 2013; Rather, 1991; Wong, 2001）。

然而，Vygotsky有哪些論述，是日後Bronfenbrenner在人類發展生態系統理論的基礎觀點呢？本文依據相關文獻，歸納出以下四項論點以進行說明（Bronfenbrenner & Morris, 1998; Couchenour & Chrisman, 2000; Rather, 1991; Wong, 2001; Vygotsky, 1978）。

1. 社會文化（Sociocultural）

Vygotsky認為區別人與動物最根本的東西就是工具和符號，而這些東西是人類社會文化的產物。他認為人類從出生就一直生長在社會裡，社會中的一切，包括了風俗習慣、文化規範等，都會影響著下一代的認知與學習。於是他以人類發展的角度來探究社會和文化是如何影響一個孩子的發展，他提出了四種論點：(1) 人類種族是通過進化而發展的；(2) 人類是通過歷史而發展的；(3) 個人是通過兒童期以及成人期而發展的；(4) 能力是通過兒童及成人個別的工作或活動而發展的。這樣觀點，支持Bronfenbrenner之後的論述，他們均認為改善幼兒所處環境，將有助於其生長與學習。並且社會文化也會影響語言的學習，而語言又是社會文化傳播的媒介，這樣的影響是循環性的；尤其對於因為社會文化而產生的語言發展不利於幼兒，將會造成他們在日後的人際互動與學科學習時處於一個不平等的起步點。

2. 人際互動（Interpersonal theory）

Vygotsky認為人是群居的，除了自然界以外，人與人相處所產生的人際關係亦是影響人發展的不可移除因素。如果要瞭解孩童是如何生活在社會環境中，必須走進他們真實的生活裡去觀察，包括師生互動、親子互動、同儕互動等彼此之間的人際互動。他認為幼兒必須與成人或能力較高的同伴合作，才可以增進認知的發展。此外，Vygotsky主張評量幼兒的學習不能片面的只看結果，應該重視他們的學習歷程，他們是如何在人際互動中學習，是否有獲得哪些有利的資源與協助？據此，Bronfenbrenner亦將這項觀點放置在他的理論中，他認為幼兒生活的環境有內層與外層之分，有小系統與大系統的差別，這些情境的交流都必須透過人際互動來相互影響，具有彼此流通的中介作用。因此，他

在之後的理論架構中，亦主張人際互動是影響幼兒學習的重要因素之一，是一種動態的交互作用，包括直接的影響、間接的影響。

3. 鷹架作用（Scaffolding）

鷹架作用是Vygotsky在其理論中，所提出的有效策略之一。他將孩子比喻成建築物，老師的功能就是要為幼兒提供鷹架或支援系統，讓幼兒依據自己的需求發展，來搭建他們的學習過程與成果。Vygotsky主張成人在提供鷹架時，必須要注重兩項重點：一是建構幼兒需要的活動和周圍環境；二是針對幼兒目前的需要與能力，不斷調整成人介入的程度。Bronfenbrenner和Vygotsky的觀點一致，他們均主張教育引導發展（education leads development），也就是無論是父母、教師、親友、鄰里與政府等成人的代表，應該正視幼兒的教育與啟蒙，尤其是社會經濟弱勢、語言文化匱乏與身心障礙的幼兒，他們所需要的鷹架是有差異的。若以給予針對一般的幼兒方式來套用於他們，那麼幼兒應有的能力有可能會被疏忽或是低估。

4. 可能發展區（the zone of proximal development, ZPD）

可能發展區是Vygotsky搭配鷹架作用，所提出的教育理論。他認為ZPD是一種理想的假設，可以推測幼兒有可能到達的最佳學習成效。他的論點是幼兒在經由成人協助或與有能力同儕合作之下，幼兒所表現出的問題解決能力將超越單獨時所表現出的能力，進而到達潛在的發展層次，這兩種發展層次之間的差距，稱為可能發展區。這種關於提升或延宕幼兒學習的論述，對照Bronfenbrenner的人類發展生態系統理論，亦有相呼應的地方，他重視幼兒生長時的社會歷史事件，如果能得到成人有效正向的引導與協助，那麼對於幼兒生長的各種系統將有好的交流與

影響。如同上述的鷹架作用，家長、教師、親友、鄰里與政府等，均有機會幫助幼兒達到最佳的學習成果。

（二）理論架構與其重點

Bronfenbrenner之人類發展生態系統理論，可分成三個階段（Edinete & Jonathan, 2013）：第一階段（1973-1979年），是其發展理論的初步階段，受到Vygotsky思潮的影響，他提醒當時的研究者不能只窄化在人的認知發展與成果，而是應該擴展分析的角度，從幼兒生長的環境與歷史脈絡等多重觀點來分析其歷程，於是他以整合性的觀點提出其理論，並進行命名與發表。他在理論中提出四個影響人的發展的環境系統，包括了微觀系統（microsystem）、中間系統（mesosystem）、外層系統（exosystem）及宏觀系統（macrosystem）等四個。第二階段（1980-1993年），由於他所提出的理論引起了許多研究社群的關注與討論，他不斷的省思原有理論的缺失，並廣納其他學者與實務者給予的建議與反饋，他在原有的四層系統中新增了第五個——時間系統（chronosystem），重視社會歷史事件對於幼兒生長情境的影響。第三階段（1993-2006年），這個階段是他將理論轉化成模式的重要時期，他提出人（person）、過程（process）、脈絡（context）與時間（time）的PPCT模式，為了讓模式還有修正的機會，他以持續發展中來定義自己的理論模式，並積極的對於相關的實證研究，進行研究設計、假設驗證與延伸討論等（Bronfenbrenner, 2004; Edinete & Jonathan, 2013）。

進一步，論述Bronfenbrenner的人類發展生態系統理論之概念與架構。他認為人的發展，就像生物生長的生態圖樣，

是持續且動態的交互影響，是一種正在演進著的體系。歸納Bronfenbrenner的人類發展生態系統理論，將其聚焦在幼兒發展上，有兩個重要論述：1.幼兒與其生活環境是一個無法切割的整體，孩子的發展會受到這些不同情境系統的影響；2.這些情境系統與幼兒互動的頻率及密切的程度是有差異性的，有直接的、也有間接的影響。這些情境系統由小到大、從近到遠，猶如草履蟲般的巢狀結構（nested），充滿著活力（energy），卻維持在一種動態平衡（equilibrium）的狀態，而且這些情境系統沒有一個是全開的或全閉的（Bronfenbrenner, 1979; Bronfenbrenner, 2004; Gallahue & Ozmun, 2006）。

據此，我們藉由Bronfenbrenner的五個情境系統，來分析幼兒園、家庭與社區對於幼兒生長的影響。首先，要瞭解Bronfenbrenner他認為幼兒的生長受到生物因素與環境因素的交互影響；生物因素包括了自然生態（地理、氣候、物產……等）與個體生理（性別、健康、智力、情緒……等），環境因素則由幼兒的生活環境推廣至外在的世界，這些情境可分為五個系統，Bronfenbrenner以一系列的同心圓來表示，其中幼兒就位於同心圓的核心，他們的生長受到這些情境由內而外，直接的或間接的影響與交互作用，如圖1所示。本文以下彙整相關文獻，並針對這五個情境系統進行分析與解說（Bronfenbrenner, 1979; Bronfenbrenner & Morris, 1998; Bronfenbrenner, 2004; Couchenour & Chrisman, 2000; Gallahue & Ozmun, 2006; Wong, 2001）。

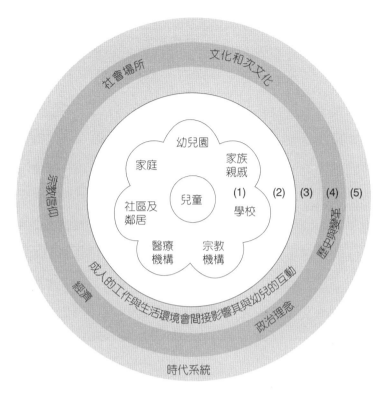

(1)微觀系統　(2)中間系統　(3)外層系統　(4)宏觀系統　(5)時代系統

圖1　生物生態系統理論圖

資料出處：Families, schools, and communities: Together for young children (p.7), by D. Couchenour, & K. Chrisman, 2000, Albany, NY: Delmar.

1. 微觀系統（Microsystem）

　　微觀系統是影響幼兒生長環境的最內層，是與幼兒互動最頻繁，也是影響最立即的環境。這些環境是幼兒生活中互動最為密切的，包括了家庭、幼兒園、親戚家族、學校、社區與鄰居、宗教機構、醫療機構……等。整體而言，微觀系統是最接近個體的體系，是幼兒生活的居住區域（natural habitat），在這個最直接卻小型的系統中，與幼兒即時雙向互動的重要他人，包括家人、教師、朋友、鄰居、教友……等。在微觀系統中，大多數的幼兒受到家庭與幼兒園的影響最大，因為他們在家庭中度過的時間

最長，其次是他們稍長後在白天所就讀的幼兒園。在微觀系統的概念中，提醒著哪些成人是影響幼兒生長的重要他人，以及他們所應該肩負的角色與職責。

2. 中間系統（Mesosystem）

中間系統是建立在上一層微觀系統以後的次系統，是由微觀系統中的各單位間的互動，所產生聯繫與交互作用。並非如同微觀系統是由幼兒與其家庭的互動，或是幼兒與其幼兒園的互動；而是這些微觀群體間的直接互動，例如：幼兒的家庭與幼兒的幼兒園之互動關係……等。中間系統的互動關係，並非只有二者之間，可能是二者以上的，例如：幼兒家庭與幼兒園及其社區的互動關係，彼此交流所形成的影響，其複雜程度即高出於原本單純兩者互動，增加了價值與觀念衝突的可能性。中間系統的概念，提醒著關心幼兒的成人們，彼此之間的協同與合作，將有助於營造一個合適幼兒生長的環境，例如幼兒園裡所教導的禮貌課程，家長是否能讓幼兒實踐於家庭生活中，而幼兒所生活的社區鄰里是否也有這樣的文化氛圍，當這些中間系統得到正向的交互作用，將有利於幼兒的生長與學習。

3. 外層系統（Exosystem）

外層系統指的是與幼兒微觀環境無直接相關的外圍因素，他們透過了微觀系統中的人與物，間接的影響了幼兒的發展，因此稱為外層環境。以幼兒生活最相關的家庭、幼兒園與社區等三個情境為例說明之。在家庭部分，雖然父母的工作環境，並不會直接影響幼兒，但是父母可能會因為其職業屬性、內容、時間、收入……，間接影響了幼兒的生長。在幼兒園部分，例如園所的課程發展委員會，幼兒並無法直接與這個會議產生互動，但是透過委員會中的教師，會間接的將會議的內容影響至幼兒的學習。在

社區部分，例如偏遠社區的交通設施，這些運輸管道並不會立即影響幼兒的生活，但是交通的不便可能會間接的影響幼兒所擁有的資源與資訊。因此，外層系統的概念，提醒著我們除了與幼兒互動的直接影響外，間接影響亦是不能輕忽的重要環節，這些間接影響的效果或許無法立即看到，但是成人應該主動的關懷這些層面的影響。

4. 宏觀系統（Macrosystem）

宏觀系統是對應外層系統之後的更大型環境體系，包括社會、經濟、文化、政治、國家……等，是影響幼兒生長層面的最外層，距離幼兒的微觀世界較遠。宏觀系統對幼兒生長的影響是潛移默化的，它會藉由意識型態、價值觀、風俗和法律等媒介，影響著幼兒的父母、老師……等及其他的重要他人，依據宏觀系統中的規則或共識來教化幼兒。然而，宏觀系統是不斷變化著的，可能是長時期只有微幅改變，也可能是短時間產生巨大的變革，這些改變與變動會透過外層或中間系統來影響幼兒最直接應對的微觀系統。例如中國經濟的崛起，成為國際貿易的重要區域與族裔，學中文與說華語成為各國家區域所重視的教育活動，這原本是鉅觀系統的情境，但是透過各系統的交互作用，可能會形成華人家庭更重視幼兒母語的學習，也可能會提高其他族裔的幼兒家庭或學校對於華人保母、華語教師與中文教材的需求。

5. 時間系統（Chronosystem）

時間系統是最後加上的第五層影響幼兒生長的系統，但是這個系統與前面所介紹的四個系統是不同的，它是跨越前面的這些環境系統，指的是幼兒在成長時所發生的事件，是影響幼兒一生的重要性歷史事件。而時間系統可能在上述幾個系統內運作，可以讓我們瞭解幼兒生命裡的重要事件對於他們日後的成長是具

有時間延展性的。以幼兒的家庭、幼兒園與社區為例，家庭中的
父母離婚與再婚、幼兒園中的傷亡事件、社區中的大型天然災
害……，這些歷程在幼兒尚未有自主能力因應的當時，乍看之下
可能只有短時間的衝擊，但是對於他們長遠的發展是具有延宕的
後續干擾，可能會呈現在青少年時期或成年期的性格與行為上，
有著潛藏且深遠的影響。

二、文化資本與社會資本論（Cultural capital and Social capital）

相對於前文，以幼兒發展與情境互動的角度，探討「人類發
展生態系統理論」；接續，將以幼兒擁有資源的立場，論述「文
化資本論與社會資本論」。首先，將資本的形式與定義進行解
說，再論述幼兒所擁有的文化資本與社會資本，並以分析「家庭
缺失論」、「制度歧視論」與「包容論」等延伸其理論，對於幼
兒園、家庭與社區三者的省思與啟示。

（一）資本的形式與定義

資本（capital）在經濟學家與社會學家的眼中，他們所看到
的形式是有差異的。經濟學家著重在有形的資本，例如貨幣、土
地、貴金屬……等；而社會學家則看重在無形的資本，例如權
力、地位、學識、關係……等。然而，在生物學家的角度，最重
要的是能延續生命的健康資本。然而，資本究竟為何？本文將資
本的形式分成四個部分，包括了經濟資本、文化資本、社會資
本、健康資本。

Bourdieu（1986）首先提出資本不一定是以有形資產的形
式存在，他認為資本可以兌換（conversion）。以家庭為例，家
長若擁有充足的錢財（有形資本），則家長可能可以兌換成較高

的社會地位（無形資本）；或是，幼兒園教師提升學歷後，也可能兌換到比原本較高的薪資（有形資本）；或是，家長擁有較高的文化資本（無形資本），在懷孕期間給予胎兒較好的健康照護，可以為出生的幼兒兌換到較好的健康資本。但是，資本的兌換並非是等比值的交換，也有可能兌換不到所預期的，甚至是負向資本。

　　Coleman（1990）亦指出，資本除了可以彼此流通轉換（transformability）外，還有世代相傳性（transferability）。從經濟學的角度來看資本，財富當然是可以由家族傳承及子女繼承。但是財富等有形資本以外的無形資本，真的可以讓下一代順理成章的取得嗎？社會學家關注這個議題，因為如果權力、地位、學識、關係……等之社會上的無形資源，是可以藉由血緣來承襲，那麼家長的身分地位會複製幼兒未來的身分地位，社會階級將再製（class reproduction），孩子們沒有機會藉由後天的努力而取得向上流通的機會，學校的存在與社會制度也就失去了意義與功能。Coleman提出家庭會將無形資本傳襲的觀點，並不是要大家悲觀的誤以為我們將回到以往君王帝制的不平等社會，而是具體的告誡我們要正視這樣的社會現象，這些珍貴的無形資本或許不能如同有形資本可以經由法律條文被繼承，但是他們可能會在孩子們的成長歲月中，已經悄悄的干擾著他們從幼兒時期的學習、遊戲、友伴互動、師生關係……等之歷程。

　　當我們瞭解資本的屬性與其重要性後，接續要探知它的種類與形式。Bourdieu（1986）將資本的形式區分成三種類型，包括了經濟資本、社會資本與文化資本。Coleman（1990）則將資本形式劃分成：物質資本、文化資本（或人力資本）與社會資本。他認為「物質資本」完全是有形的、可觀察的；「人力資

本」是無形的，包含於個體之內；「社會資本」則隱含於個體
與個體之間的關係上。Bourdieu的文化資本概念與Coleman的人
力資本概念部分相同，Coleman的人力資本是指個人的技能與知
識，同於Bourdieu所述「文化資本」之一部分。歸納二者對於資
本的論述，經濟資本是有形的資源，人群生活中最常見的、也是
最為廣泛流通的資本樣式，而社會資本、文化資本則是無形的資
本，是比較難以用數量估算的資本體。上述的資本論述，都聚焦
在社會性與經濟性上，本文納入健康資本部分，並將此四項資本
形式，以幼兒園、家庭與社區說明如下：

1. 經濟資本（Economic capital）

經濟資本視資本為最具體的形式，也是資本在兌換時最常被
平衡比較的標的。經濟資本是個人所獲得物質資源的多少，包括
了薪資收入、營利獲益、投資收益、不動產（如房屋……等）、
動產（汽車……等）、有價證券、珠寶、生財器具……等。若幼
兒家庭的經濟資本較高，則幼兒所獲得物質資源也會較多且品質
較好，包括他們的居住社區與幼兒所就讀的幼兒園。

2. 文化資本（Cultural capital）

文化資本一樣是無形性的資本，包括了語言、知識、技
能、學歷等任何可以讓個體在社會上獲得較高地位的優勢。幼兒
家長若無法擁有較為優勢的文化資本，例如外籍媽媽的語言障
礙，可能會影響幼兒在幼兒園與社區中所累積的文化資本，甚至
可能會造成其學習與成長上的困境。

3. 社會資本（Social capital）

社會資本是無形的，它是一種人際上的關係、影響、扶持等
網絡系統。社會資本的多寡，取決於個體所締結的社會網絡的大
小，及網絡中成員們所擁有的資本額。所以，人的社會交際能力

是影響社會資本的關鍵要項之一。社會資本不像經濟資本具有穩定的價值，社會資本可能會因為人際間關係的調整或改變，而產生其資本的擴大或縮小；相較於其他資本，社會資本的變動性與可塑性較大。若幼兒家長的社會資本較低，也會減少幼兒在幼兒園與社區中與他人互動的次數與關係。

4. 健康資本（Health capital）

健康資本是無形的，必須要由身體的生命力來反應，是一種以生命存在為標的之資本形式。健康資本是由Grossman提出，他在1972年的健康需求論理論中提出了這個觀念，認為個人可以選擇生命的長短。由於每個人出生時的遺傳基因不同，因此每個人初始的健康存量也會不同。而且隨著年齡的增長，身體的健康存量也會產生折舊，但是折舊的生理速度與耗費情況，也是因人而異的。健康資本，是指為了減少健康貶值所投資的資本，例如：改變生活型態、預防保健、醫療服務、健康飲食、運動等（Grossman, 1972; Shea, Miles & Hayward, 1996）。然而，生命初始的胎兒時期與出生後的幼兒時期，是個人無法由自主意識來累積健康資本的，必須仰賴生育與養育的父母。例如：父母有先天性的遺傳性疾病，會擴大其子女折損健康資本的存量；父母後天的教養方式，也有可能影響其子女對於健康資本的重視，而從小累積高品質的存量。

（二）文化資本與社會資本論

在瞭解資本的形式與定義後，可知這些資本對於幼兒的影響，但是其中的經濟資本與健康資本所牽涉的領域龐雜，本文聚焦在教育學與社會學中被積極關注的文化資本與社會資本論，以探究其對於幼兒園、家庭與社區的影響。

1. 文化資本論

文化資本（cultural capital）是社會學中所談論的一種資本形式，它的論述是由Pierre Bourdieu（1930-2002）所提出。在他的社會學理念論述中特別重視美學品味與社會階級，並指出一個人的審美觀內含著他所代表的身分階級。他認為人們對於飲食、文化和藝術表演的喜好，都具有階級的指標意義，因為他們的消費趨勢可以顯示出個人在社會中的位置。對於Bourdieu而言，資本不單只是物質性，在交易系統中也代表著一種社會關係，而文化資本包含了可以賦予權勢及累積文化知識的一種社會關係（Barker, 2004; Bourdieu & Passeron, 1990）。文化資本可以是世代相傳的風俗、語言、知識、性情、技能等，並能內化於人的意志與性情內，例如語言能力、行為習慣及對書籍、音樂和美術作品的品味等；也可能具體轉化成明確的資格，例如學歷、證照等（Bourdieu, 1977; Bourdieu, 1986）。除了Bourdieu之外，也有許多學者將這個論點進行相關的研究。據此，文化資本論對於幼兒與其生長的環境，亦提供了一些重要的觀點，讓我們可以瞭解如何避免讓幼兒於人生的起步階段就輸掉了他們的文化資本。

(1) 文化資本的相關研究

然而，人的文化資本從何時開始累積的呢？Bourdieu（1984）在他的論著《區隔：品味判斷的社會批判》中，即說明了幼年期的成長經歷對於文化資本的影響。這也意味著在幼兒階段，人們的文化資本競賽就已經起跑了。

語言是文化資本的一種內容，在Bernstein（1975）的研究裡，發現出身於不同階層及生活於不同社區的孩童，會培養出不同的語言模式與法則；低下階層與中上階層子女，在選詞、用字

及句法等各方面均有顯著不同。Bernstein認為父母的語言能力也會如同階級的循環，將文化資本轉移給其子女。閱讀風氣，也是文化資本之一。在Graaf（1986）的研究發現，家庭讀書氣氛會影響子女的學習成果。儀態也是文化資本中容易被評定的項目之一，在Larea（1989）的研究中，她提及中產階級背景的教師與低下階層家長之間，也保持著「疏離」關係，可能的因素包括低下階層家長的外貌、衣著及談吐，會是令一般教師在接觸低下階層家長時，感到不自在及疏離的原因。國內張善楠與黃毅志（1999）的研究，在瞭解漢民族與原住民的教養差異時，發現父母的不良習慣，例如：抽菸、喝酒、嚼檳榔……等，會影響親師互動的印象與觀感，也會間接影響其子女的學習。在翟本瑞（2002）的研究中，其探究位於在偏遠山區的家庭與學校，家長的學識會影響兒童取得文化資源的動機，高學識的家庭子女其自主性越高。這些研究發現，讓我們瞭解孩童們成長環境，包括家庭、學校與社區等都是孩童累積文化資本的重要場域，而環境中的成人都可能是傳遞文化資本的重要他人；然而，家庭中的父母才是最主要的影響者。

(2) 幼兒的文化資本

Bourdieu（1986）認為「文化資本」有三種樣式，第一種是表徵性（embodied）文化資本，如談吐、儀態舉止；第二種是物質性（objectified）文化資本，如所擁有的藝術品、餐飲、服飾……；第三種是制度性（institutionalized）文化資本，如學歷、資格。綜合而言，文化資本包括了語言、學識、技能……等之可以明確辨識的指標，其他諸如：文藝素養、喜好、行為、品味等個人的習慣風格，也是文化資本的表徵項目。家庭是培養文化資本的主要環境，幼兒出生後所生長的社區與其就讀的幼兒

27

園，亦是其累積文化資本的次要情境。可知，幼年時期即是累積文化資本的起點，也是關鍵時期。家庭、幼兒園、社區中的成人，都可能將他們可辨識的或屬於個人風格的這些文化資本，在與幼兒互動的過程中有意的或無意的進行傳遞，其中以長時間和幼兒在家庭中相處的父母爲最重要，由上述的理論與研究中可以印證。

對照成人文化資本形式，幼兒的文化資本有哪些呢？在表徵性文化資本部分，包括了幼兒的語言能力、服裝儀容、學習態度、生活常規、興趣偏好……等；在物質性文化資本部分，包括了幼兒所擁有的圖書、學習用品、藝品、服飾……等；在制度性文化資本部分，包括了幼兒就讀的幼兒園品牌、居住的社區品質，以及幼兒曾經遊歷過的區域或國家……等。然而，影響幼兒文化資本的可能因素爲何？以幼兒主要的生長環境分析之，包括了家庭成員、幼兒園師長、社區鄰居等重要他人的文化資本，諸如：語言、學識、技能……等可辨識的指標，及他們的文藝素養、喜好、行爲、品味等個人的風格習慣，都是可能的影響因素。其中，影響文化資本最主要的關鍵仍爲家庭。舉例，當幼兒家長本身有良好的作息習慣，則幼兒所獲得的在生活常規上的文化資本會較好；家長可能會選擇的社區生活環境與幼兒園的教育風格，可能會內含了家長對於生活品質的要求，這樣的文化資本也會從小在幼兒身上累積著。

2. 社會資本論

社會資本（social capital）的著名提倡者爲John Dewey（1859-1952），他將社會資本的議題帶入社會學與教育學中。Dewey的批判性實用主義哲學思想（Critical Pragmatism），讓社會資本的討論具有正面的教育功能，他認爲解決並改善社區生

活中存在的問題，才能建立他們共有的社會資本，應該避免極端的負面批評。Dewey的社會資本論是以具有合作性的社會教育為核心，他認為人們生活在社區中，社區是大家共有的資產，除了自己和家人也應該要關心社區中的弱勢群眾。他並建議學校應該成為社區的中心點，將生活在此的群眾串聯在一起，以發揮正向的教化功能。因此，Dewey主張讓社區居民能相互有慷慨的行為、夥伴關係、同情心，並且串聯家庭之間的交流，這些聯繫所形成的社會網絡，就是社會資本。此外，Dewey重視社區中的孩童，他認為社區中成人互助合作所累積的社會資本，可以讓孩子們接觸到這些豐富的資源，進而擴展他們的人生經驗（Dewey, 1990; Farr, 2004; Putnam, 2000）。

　　近期的社會學家James Coleman也是社會資本的重要論述者，他（1990）認為社會資本是個人獲取社會資源的一種資產，這種資本著重在建立社會中的群際關係，當個人的社會關係網絡越大時，則越容易獲得其想要的目標。Coleman與Dewey也有著同樣的觀點；他們均主張社會資本必須藉由教育來發揮其正向功能。據此，Coleman（1988）將社會資本區分為家庭內部的社會資本（social capital in the family）、家庭外部的社會資本（social capital outside the family）。其中家庭內部的社會資本，包括家庭內的親子關係、父母對子女教育的期望與投入……等。家庭外部的社會資本，則是指父母在社區內的人際關係，包括與鄰居的相處、與子女的師長、友伴、友伴的父母……等的聯繫；這些人際關係網絡的強度越強，表示其社會資本越高，有助於增進子女的學習成就。但是，Coleman（1987）發現現今家庭及社區關係日趨疏離，從這樣的現象可以預測出孩童們所累積的社會資本將會逐漸減少。Coleman（1994）強調家庭社會資

本是促進子女學業成功的重要關鍵，特別強調父母與子女間的親密關係之重要性；並指出當子女與父母之間保持密切的關係時，父母本身所擁有的物質及知識技能，才能得到施展而有助於子女的學習。

在國內，學者林南（2004）也對於社會資本有相關論述，他認為社會網絡的建立並不是偶然，而是有一定的規則存在，這種規則稱作「同質交往原則」（homophily），也就是說在很多交往的過程中，個人會依循著特有的特徵或喜好來進行互動。相似背景，如性別、宗教、教育、職業……等因素，人們會因為特徵的相似性而群聚在一起，所以同質性也變成了建立社會網絡的一個重要原則，進而影響其社會資本。

(1) 社會資本的相關研究

社會資本是人與人之間的聯繫，存在於人際關係的結構之中。從上述理論中可以瞭解到，家庭內部社會資本與家庭外部社會資本的不同。其中，在家庭內部社會資本的研究部分，親子關係即是重要因素之一。例如：Khattab（2002）在以色列的研究，他以父母對子女教育的參與、期望與親子關係的品質來測量社會資本，其結果顯示社會資本除了對子女教育抱負產生直接正向的影響外，子女也會因為感受到父母對他的關心與期望，而提升他們的學習意願。此外，種族族裔也是家庭內部社會資本的影響因素之一。例如：Hao與Burns（1998）分析亞洲移民與美國學生之學習差異時，不同族裔家庭的內部社會資本是重要因素，中國及韓國移民家庭特別重視親子間的互動。另外，家庭的和諧也是重要的探究議題，會影響其子女的心理健康與人際關係。例如：Sweeting與West（1995）的研究指出，家庭的功能與氣氛會影響著兒童的心理健康，其中家庭文化及家庭衝突對兒童心理

健康的影響，比家庭結構更重要。Onyskiw與Hayduk（2001）的研究中發現，缺乏母親的溫暖與適當照顧，會使其子女產生更多的心理問題。李蘭、劉潔心、晏涵文（1987）的研究指出，父母之間的感情會同時影響子女的身心發展。McDermott（1997）也提到，良好的親子互動有助於減少其子女產生退縮、焦慮、憂鬱、孤單等內化行為問題。

　　在家庭外部社會資本的研究部分，家庭外部的關係連結是重要的。例如：在Resnick et al.（1997）及Weist（1997）的研究中，他們均發現生活於貧民窟或母親心理異常的高危險兒童，若能從外界得到成人的社會支持，對其心理健康有重要的保護作用。McDermott（1997）的研究也提到，家庭外在資源及社會支持能降低兒童發生心理問題的危險性。此外，家長參與是改善家庭外部社會資本的可行方式，例如：在任秀媚（1985）的研究中，她發現家長參與幼稚園的相關活動，例如：觀察幼兒的行為、在教室中指導幼兒學習、協助教師教學、接受親職教育課程、參與學校政策與規劃課程……等，促進了家長與老師間之合作關係，亦可增進家長對幼兒之關心瞭解，有助於幼兒身心的發展。歐陽誾、柯華葳、梁雲霞（1990）認為，凡家長提供子女在校所需之用品、學校邀請家長到校觀察子女上課情形、擔任教師助手、教師與家長的聯繫和溝通、或家長在家中與子女一同參與學習活動、或接受親職教育課程、或參與學校決策均屬之。其目的為促進家長參與學校、教師之合作關係，鼓勵父母關懷子女的教育，藉以改善親子關係並協助子女發展。相對地，兒童在學校的社會資本也是需要被關注的議題，這些資本包括活動參與、同儕關係、師生關係等（Cartland, Ruch-Ross, & Henry, 2003）。在Resnick et al.（1997）的研究中提及，兒童在學校

與同儕或老師相處，他們可從互動關係中獲得不同的資源及社會支持，而使其心理獲得保護。

(2) 幼兒的社會資本

依據上述的理論與相關研究，我們可以彙整出幼兒的資本從何而來，而他們可能擁有哪些社會資本呢？依據Dewey（1938）和Coleman（1987, 1994）的觀點，社會資本是一種人際的網絡關係。由於，幼兒不能選擇生活的環境，他們最初的人群互動是從家庭開始。因此，幼兒最原始的社會資本主要是從家庭取得，他們會將這些社會資本實踐於他們生活的社區與學習的學校。其中，父母是最重要的給予者。除了家庭環境外，幼兒也會在幼兒園與社區中去累積屬於他們的社會資本。

依據Coleman（1988）和林南（2004）的觀點，對照於成人的社會資本取得的形式。我們可以彙整出幼兒可能的社會資本，在家庭內部的社會資本部分，包括了親子關係、手足關係、親族關係……等；在家庭外部的社會資本部分，包括了友伴關係、師生關係、鄰里關係……等；但是，幼兒的社會資本是具有同質群聚性的，他們受限於家庭所給予的社會資本，所以在幼兒園與社區中所累積出屬於他們的社會資本也會受到影響，他們可能常與自己家庭社經背景相似者一起學習與遊戲，較少有機會接觸到不同家庭社經背景的幼兒與成人。因此，父母是影響他們累積社會資本的重要關鍵，家長所營造的內部親子關係與外部社交網絡，決定了他們最初社會資本的多少與良莠。

雖然，社會資本與文化資本相同的是，它們的累積都是起源於家庭，家長扮演了最重要的角色；然而，不同的是，家長本身不容易改變自己的某些文化資本，例如文化素養、藝術品味、學識、技能……等；但是，相對於社會資本，家長要改善家庭內部

的親子關係，與外部的學校參與部分，主要是決定於家長本身的意願與態度，這部分相對於文化資本是較有機會改善與提升的。

（三）資本論的批判與整合

在文化資本論與社會資本論之後，我們可以瞭解到家庭、幼兒園與社區對於幼兒的影響。其中，家庭的背景與功能一直是備受爭議的，家長被認為是必須對兒童發展負起最大責任的人；於是，助長了「家庭缺失論」。然而，家長真的是罪魁禍首嗎？學校也是影響兒童成長的重要環境之一，亦有學者將責任的歸屬推向學校；因此，產生了「制度歧視論」。「家庭缺失論」與「制度歧視論」是文化資本論與社會資本論之後的延伸理論，以負面角度進行批判與省思；然而，之後「包容論」則是以正面的建議立場，提供我們如何將資源進行整合。

1. 家庭缺失論（Family Deficiency Theory）

家庭缺失論起源於社會學與教育學，一些學者們在研究中發現，家庭功能的瑕疵與缺口是兒童身心發展欠佳的主因，因此形成一股針對家庭應負起主要職責的批判論述。在傳統的家庭缺失論中，Frank Riessman是代表者。Riessman（1962）在他發表的著作中指出，缺少文化培養和文化水準低的家庭，由於父母不重視教育，很少參與對子女的教育，是造成其子女低成就表現的關鍵者。傳統的觀點大多聚焦在人的部分，尤其是家庭中的父母的表現上，認為他們是造成家庭缺失的主角。在這樣的論點上，讓非主流語系的家庭、低社經背景家庭的家長……等，似乎被標籤化——由於家長功能的欠缺，使得其子女得不到完整的家庭資源，形成資源上的缺口。

家長在文化資本上和社會資本上的缺失，如同是他們的

原罪。因此，後續也有學者針對傳統家庭缺失論進行修正，Delgado-Gaitan即是代表者。Delgado-Gaitan（1990）認為傳統的家庭缺失論過分的偏狹，應該站在更為公平的立場去思考家長欠缺文化資本與社會資本背後的議題，他也主張不要低估了條件欠佳的家長，亦有協助子女學習的強烈意願。

2. 制度歧視論（Institutional Discrimination Theory）

造成幼兒在文化資本與社會資本落差的因素，除了上述的家庭缺失論外，制度歧視論也是一個傾向負面批評的論述。制度歧視論與家庭缺失論，很明顯的從其名稱上可瞭解到這兩種論述所指責的對象為何？家庭缺失論將問題的根源指向家庭，尤其是家庭中的人——家長；而制度歧視論則是將問題轉向制度，也就是大環境裡的國家與社會。制度歧視論指出，在人們生活的社會制度內，有著已經根深柢固的不平等（inequalities），這些不平等的面向包括了種族、性別、語言、社會階級、教育制度……等。這派學者認為責怪家庭功能的缺失是不客觀的，他們認為不利於兒童成長與學習的因素是「制度」，尤其是制度內的「教育機構」。因此，也有學者將此論點聚焦在「教育機構歧視論」（何瑞珠，1999）。這理論指出教育機構對來自低下階層父母和學生存有偏見，抱持種族歧視的態度，而忽略了他們是需要被關懷與幫助的。反而，在校內以一些不合宜的輕蔑態度或排擠措施，讓他們的學習資源更為困窘。這樣的歧視作為，把文化資本與社會資本不利的父母排拒於外，使他們不能參與子女教育。

由於，這樣的論述，如同家庭缺失論一樣是片面的，有些針對歧視意圖的論點並不完全客觀，所以後續也有許多學者採取修正與論辯的方式（何瑞珠，1999；Harker, Nash, Durie, & Charters, 1993; Lareau, 1989）。因為，教育機構某些看似公平

的作為，有可能原來是無意歧視低階層父母，而是因為疏忽所產生的誤會；況且，並非每個教育機構與教育人員都是歧視文化資本與社會資本較低的家庭。

3. 包容論（Inclusive Model）

就在家庭缺失論及教育機構歧視論等兩論點傾向負面評斷的理論後，出現了一個以整合性的正面思考觀點——包容論。包容理論採用了Bourdieu（1977）的文化資本和Coleman（1990）的社會資本概念，可以解釋家長參與的階級差異。香港學者何瑞珠（1999, 2002）是包容論的主要提倡者之一，她針對家庭缺失論及教育機構歧視論，提出了三處缺點。首先，家庭缺失論低估了條件欠佳的家長對協助子女的意願。例如在Coleman（1987）的分析案例中，他以美國亞裔學童的優異學業成就為例，指出亞裔父母雖然沒有豐厚的經濟資產，亦未必熟悉當地文化，但是會為挪出時間關注或陪伴其子女學習，提供子女重要的社會資本。其次，教育機構歧視論忽視了有些教師對於條件不佳家庭之父母與子女的付出與協助（Wolfendale, 1989, 1992）。最後，此兩種理論均視家庭與教育機構是一切問題的根源，而忽略了家庭與學校也可以提供孩子重要的學習資源。

簡而言之，包容理論把家庭和學校圈子聯繫起來（Epstein, 1990; Lee, Bryk, & Smith, 1992）。何瑞珠（1999, 2002）以西方的「家校合作」（home-school-community collaboration）研究結果，來印證包容理論（Epstein, 1990; Fagnano & Werber, 1994; Ho & Willms, 1996; Yan, 1995）。她認為孩子可從家庭和學校取得資源而獲得資本，即使是資本的不足，若能夠建立二者合作的方式，將超越以往相互責難的負面思維，有助我們檢視到底家庭可以給予學生何種資源，學校又可以創造哪些資源來協

助學生學習。在包容理論中，何瑞珠（1999）強調學生的學習成效是取決於家庭及學校，以至社區所提供的各種不同形式的資源。在此，可以瞭解到要解決家庭與學校的問題，社區也是其中一個重要場域。

最後，本文支持包容論對於家庭、學校在相互指責論戰過後所提供的新視野，及其提出三者應該合作以共創資源的策略。但是，包容論主要是針對家庭缺失與教育機構歧視，焦點聚焦在家庭與學校，反而忽略在大環境制度上的省思。據此，建議包容論能夠將教育機構的歸責焦點移回制度部分，可以擴大其檢討與整合的面向。對於政府制度與社區等的角色職責上，包容論仍有待補充之。尤其，政府與社區的關係，在行政上是有隸屬性的。我們可以由前文關於社區定義中瞭解，社區是兼具地理、行政、人文的空間區域。其中，行政空間的劃分與管轄，即是政府的職責。因此，政府雖然難以在短時間改善社區的地理性與人文性；但是，站在社區行政管理者的立場，政府是有職責以法規政策等行政措施來推動家庭與學校的合作，以促進三者彼此間的支援與資源。事實上，國內政府確實已經著手相關政策，在整合幼兒園、家庭與社區的功能，例如：內政部於2005年起的「弱勢家庭啓蒙教育計畫」、臺北市政府於2010年起的「育兒友善園計畫」……等。

三、美國大型實證計畫──啓蒙方案（Head Start Program）

在關於幼兒園、家庭與社區的相關實作案例中，最著名的就是美國的啓蒙方案。以往大多數的實作方案都是著重在幼兒園與家庭的部分，包括家校合作、親師互動、親職教育……等。

然而，推動三者進行「家庭、學校與社區協作」（home-school-community collaboration），則是近期被關注的重要改革議題之一。啓蒙方案的出現，是一個重要的里程，它帶領著政府、實務工作、研究者……等，以協同合作的立場一起走向弱勢幼兒的眞實生活情境，將學理化成一場跨越地區與時間疆界的大型實證計畫。迄今，啓蒙方案不但在美國本地開花，它的種子也分散到各國家區域。因此，本文在理論篇先以「人類發展生態系統理論」，探究幼兒的生長情境；另以「文化資本與社會資本論」，分析幼兒所可能擁有的資源；再以美國的「啓蒙方案」，作爲實證計畫的借鏡。

美國的「啓蒙計畫」，英文原文爲：Head Start Program，具有比喻與象徵的意涵，意指從頭開始、儘早給予孩子資源。在中文翻譯上，有稱「及早教育方案」（陳逸喜，1999；湯梅英，2000），有稱「起頭方案」（魏惠貞，2008）或起步計畫（廖月瑛、曾燦燈、洪明全、楊登順，2011），也有稱啓蒙方案（林雅容，2013；柯秋雪，2009；陳長益，2002），這些譯名均內含此方案的重要精神。本文以啓蒙方案爲中譯名，是因應國內政府近期於2000年過後所推動的「弱勢家庭啓蒙教育計畫」；有借鏡之意，這株在美國開花的種子，已經飄散到我們的土地。

本文將啓蒙方案分成：1.背景、2.沿革、3.執行方式與成效評估、4.延伸計畫、5.著名個案與其相關研究等五個面向論述，以瞭解弱勢幼兒如何在家庭、社區與支持性機構間取得整合性資源。在啓蒙方案中，幼兒園是內含在支持性機構中的一部分。整體而言，社區具有資源整合的功能，會依據幼兒家庭的需求，以提供幼兒園、早療中心、醫療中心……等之協助，部分也包括了

針對其家長的親職教育、就業輔導……等。以下，將啓蒙方案相關內容，說明之。

（一）啓蒙方案的背景

1945年第二次世界大戰結束後的二十年間，大量的移民湧入加上人們對於家庭生養的渴望，出生率激增，產生了戰後嬰兒潮（baby boomers）。然而，這些大量的新生幼兒，也凸顯著弱勢與低收入家庭的遽增，並形成了相關的社會問題。人並非生而平等，孩子們出生的家庭與社區，已經決定了他們未來的命運。這樣的現象，對於強調民主與平等的美國社會是一項打擊。這是啓蒙方案的時光背景，起始於美國政府對於貧困家庭的關懷與照顧。1964年，美國詹森總統（Lyndon Baines Johnson）在他的國情咨文演說（State of the Union address）中，特別提出「向貧窮宣戰」（The War on Poverty）的理念。之後，詹森的幕僚群邀集了各界學者與專家，一起構思如何協助弱勢家庭脫離貧困，並決議從社區幼兒啓蒙開始（Early Childhood Learning & Knowledge Center, 2014）。啓蒙方案的產生，就是因為體認到學前教育的重要性，及其對於幼兒未來人生發展的影響力。

因此，美國聯邦政府將方案以「啓蒙」（Head Start）作為命名。希望藉由政府的力量，提供弱勢及低收入家庭幼兒一種整合式的支持服務，以避免他們再陷入貧窮的循環（cycle of poverty）中。在同年的《經濟機會法案》（Economic Opportunity Act of 1964），啓蒙方案就是法案中消除貧窮的工作項目之一。啓蒙方案於1965年正式推動，最初的形式是一種試辦性計畫，由美國聯邦政府出資，辦理為期八週的夏令營（陳長益，2002）。啓蒙方案之目的在於提供社會不利幼兒有良好

的學前教育機會，從健康、營養與福利各方面加以照顧，使他們
和其他幼兒在教育上獲得立足點的平等，以達到教育機會均等
的理想（湯梅英，2000）。方案是一種以社區需求為本位的服
務，讓幼兒能確實獲得情緒性的、社會性的、健康的、營養的、
心理的滿足（Early Childhood Learning & Knowledge Center,
2014）。

　　之後，聯邦政府擴大了服務方式與相關經費，讓啓蒙方案能
長年的深入各地。啓蒙方案的服務範圍廣闊，不僅是在弱勢幼兒
本身，也結合了地方社區的相關機構與整合性資源。由於，經費
由中央的聯邦政府補助，是屬於全國性的大型計畫。這個方案，
希望能讓參與的幼兒，藉由健康和體格的改善，鼓勵其自信心與
自主性；強化他們的認知與溝通技巧，以建立成功經驗與抱負。
此外，方案也重視增強幼兒及其家庭的人際關係，來提升幼兒及
家庭的地位和尊嚴，並促進他們的社會適應能力。啓蒙方案不只
協助貧困幼兒啓發潛能，為進入正式教育作準備，同時也提供貧
困家庭所需要的社會服務及就業機會，使貧困家庭有機會改善其
生活環境，讓這些幼兒有更公平的人生起跑點（陳長益，2002；湯
梅英，2000；Early Childhood Learning & Knowledge Center, 2014）。

（二）啓蒙方案的沿革

　　本文引用Early Childhood Learning & Knowledge Center
（2014）的相關說明，來論述啓蒙方案的歷史沿革，彙整美國
各屆總統任期內關於啓蒙計畫的政策措施，回顧這個跨世代的全
國性計畫。據此，說明如下。

　　啓蒙方案，開始於詹森總統（Lyndon Baines Johnson,
36st President: 1963-1969）任內，於1965年由美國聯邦政府

的經濟機會局（Office of Economic Opportunity）創辦，進行為期八週的實驗計畫。由於，受到各界重視，逐步擴大實施；建立一種由聯邦政府出資，地方社區承辦的模式。其後，在1969年尼克森總統（Richard Milhous Nixon, 37st President: 1969-1974）時期，啟蒙方案改由美國聯邦「健康、教育與福利部」（Department of Health, Education, and Welfare）的「兒童發展辦公室」（Office of Child Development）來主持。在1977年卡特總統（James Earl Carter, 39st President: 1977-1981）時期，啟蒙方案著重在語言對於文化不利的影響，於是開始在21個州推動「雙語及雙文化方案」（bilingual and bicultural programs）。1984年的雷根總統（Ronald Wilson Reagan, 40st President: 1981-1989）時期，是啟蒙方案在經費與相關建設上的全盛時期，所投入的補助經費超過10億美元。依據之前所累積的基礎，啟蒙方案進入了向下延伸的時代。在1994年柯林頓總統（Bill Clinton, 42st President: 1993-2001）時期，提出「早期啟蒙方案」（Early Head Start Program），這個方案是啟蒙方案的延伸計畫，一樣著重在社區本位服務，但是其服務對象是3歲以下的弱勢幼兒。2007年，布希總統（George Walker Bush, 43st President: 2001-2009）簽署了啟蒙方案的修正法案，即《提升入學準備度法案》（Improving Head Start for School Readiness Act of 2007），重點在強化啟蒙方案的教學與服務品質。2009年，歐巴馬總統（Barack Hussein Obama II, 44st President: 2009-2016）在《美國振興及投資法案》（the American Reinvestment and Recovery Act）中，則因應社會變遷，放寬了部分弱勢幼兒家庭的申請資格，因此擴充了啟蒙方案及早期啟蒙方案的受補助對象。

　　從1965年迄今，美國的啟蒙方案已經施行了近半世紀之久，屬於長期性計畫。在這段期間內，此方案獲得了各階段執政總統與國會的一致支持，其各項執行原則也完成了立法規範，是一項長期推動的完備政策。從啟蒙方案的時代意義與沿革發展，我們可以瞭解它的主要宗旨在強化政府以整合性資源來照顧弱勢幼兒。然而，由於政府長年持續性的大額經費資助，啟蒙方案的成果也陸續受到檢視與考核。因此，提升方案的服務成效，是所有參與啟蒙方案者所要肩負的時代使命。他山之石，可以攻錯；方案的相關實作經驗，值得我們借鏡與省思。

（三）啟蒙方案的執行方式與成效評估

　　啟蒙方案，是一種以社區為基礎的資源導入式服務，強調地方社區參與及其自主性；因此，方案的型態具有各地方的特色與差異。啟蒙方案的經費來自聯邦政府預算，交由地方政府執行與規劃，再將其相關資源導入社區。除了學前的教育與保育服務外，啟蒙方案特別著重醫藥、牙科及社會服務，重視弱勢幼兒的身心發展（陳長益，2002）。為了提供父母親教育知識及社會服務，以改善其經濟地位，給予幼兒有利的發展環境。方案積極的鼓勵父母直接參與此項計畫，讓他們瞭解教育子女的知識和方法。此外，相關支持性機構之服務人員，包括學前教師、保育員、社工……等，也需要接受在職訓練。為了讓幼兒得到更為完整性的服務，因此擴充了其他增加的延伸服務項目，例如設置社區內的親子中心、辦理親職教育講座、編制教養書籍、擴充親職教育資源……等（湯梅英，2000）。這些相關的服務項目，也擴展了啟蒙方案的實施範圍與執行方式。

　　啟蒙方案的服務時間具有多元性，隨著各地方社區的不同

41

需求，包括了全天制、半日制與暑期制，也有部分是數月制。早期的啟蒙方案，其執行方式基本上可以分成機構中心與家庭中心等兩種服務類型。前者，是指以社區中的相關機構為媒介，讓弱勢幼兒於機構取得所需要的服務；後者，則是以弱勢幼兒的家庭為中心，將相關服務導引入家庭。後來，隨著幼兒及其家庭需求的多元性，服務方式再分成到宅服務、中心式服務及定點式服務。到宅服務一直是弱勢幼兒服務的主要方式之一，啟蒙方案的相關法令中也有明定到宅服務的必要性。而，定點式服務，則是前面兩項的整合（柯秋雪，2009；林雅容，2013； Klass, 2003; Ramey & Ramey, 2004）。

彙整啟蒙方案的主要執行項目與成效評估方式，依據Early Childhood Learning & Knowledge Center（2014）的相關資料顯示，本文將其內容彙整成下面項目與內容：

1. 經費預算的編列與補助

針對不同對象、專案，有不同的撥款比例：(1) 補助執行單位，包括了地方政府、社區、學區學校或執行機構等。(2) 補助族群，包括印地安、關島、索馬利亞及相關島嶼少數族群、黑人等少數移民族群等。(3) 補助不同弱勢，包括低收入、身心障礙、無依幼兒、孤兒……等。(4) 補助不同專案，包括親子教育、讀寫教育、輔導諮商、教師或人員訓練、課程開發……等。

2. 訂定政策之權責

要求政府依據法案目標，應訂定明確的執行規劃與策略。

3. 成效之標準與審核

要求政府必須訂定成效標準（performance standards），包括了專案的執行標準，各學習項目的能力指標及其評量方式，鼓勵承辦單位自行發展相關的評量工具或資料庫，或是參考國家科

學院（National Academy of Sciences）所發展的指標。

4. 監督控管

要求政府必須監督各啟蒙方案的執行情形，並進行相關的評鑑以要求承辦單位提出改進計畫。實行績效責任制（accountability），決定是否對受補助單位持續撥款。

5. 公布成效

要求政府從嚴審查承辦單位是否有達成方案所必須達到的績效，審查過程與機制應該要公開透明，聯邦每年於執行完畢120天內必須公布報告，並向國會負責。

6. 研究發展

政府必須持續進行相關研究，以瞭解方案的現況，以促進其改革與進步。

（四）啟蒙方案的向下延伸

「啟蒙方案」的向下延伸案為「早期啟蒙方案」。在1994年柯林頓總統時期，由當時的「健康與人類服務部」（U.S. Department of Health and Human Service）召開「嬰幼兒家庭服務諮詢委員會」（Advisory Committee on Services for Families with Infants and Toddlers），提出了將年齡向下延伸的「早期啟蒙方案」的規劃。這個方案是延續以社區為本位（community-based）的方式，結合了啟蒙方案中的親子中心（Parent Child Centers）、兒童綜合發展中心（Comprehensive Child Development Centers）及移民啟蒙方案（Migrant Head Start Programs）等，針對弱勢或低收入的懷孕婦女、育有3歲以下幼兒的家庭……等，提供健康、教養等方面之協助（Love, Kisker, Raikes, & Tarullo, 1998）。

43

　　此方案是以3歲以下的幼兒為服務對象，目的在增進幼兒發展、增強親子互動、緩和家庭緊張關係，以及使家庭成為適合幼兒學習的環境等。服務方式除了到宅服務、中心式服務及定點式服務，還有「家庭式照顧服務」，希望讓幼兒在類似家庭環境之機構中享有照顧或教育等的服務（林雅容，2013）。早期啟蒙方案的主要執行項目，依據Early Childhood Learning & Knowledge Center（2014）的相關資料可彙整出四項：

　　1. 幼兒發展

　　協助幼兒在身體、心理、認知、語言等發展，並提供父母應有的教育與協助，包括家庭訪問、新手父母教育、健康醫療診斷服務、托育協助……。

　　2. 家庭發展

　　協助父母的身心健康與自我發展，提升幼兒所需的教育與經濟需求的能力，包括育兒知識、身心健康服務（例如戒菸、毒等）、成人教育、就業協助、接受服務的交通補助……等。

　　3. 人員發展

　　教保與服務人員的能力及其提供的服務品質是早期啟蒙成功與否的關鍵，因此必須協助他們具備面對家長與社區時所需要的專業能力，並應持續規劃這群服務提供者的教育訓練或進修。

　　4. 社區營造

　　藉由整合性的社區互助網絡，讓家庭更容易取得社區的支持，以提升社區服務效能。

　　（五）啟蒙方案的著名個案與其相關研究

　　多數的研究報告顯示，優質且密集的早期教育導入計畫，可以提升幼兒的身心發展（Ramey & Ramey, 2004）。例如1960

年代的Perry Preschool，就是啓蒙方案中著名的研究案例之一。
Perry Preschool以機構爲中心，實驗組與對照組的幼兒都是家境
貧困的黑人孩子。兩組幼兒共同的背景是：1.智商低，經標準化
智力測驗測試後的智商均爲60至90；2.父母的學歷較低，只受
過八至九年的教育；3.居住同一地區，受試的幼兒都在5歲後進
入同一幼兒園。實驗組採用開放式教學模式與高瞻（High scope
Model）教育，注重孩子在教師指導下自己開展學習活動，以促
進智慧、社會性、身體等方面發展；除了教育方式外，有安排一
系列的家庭溝通與訪視，包括育兒知識、親職教育……等。反觀
對照組，則是沒有上述兩項實驗的操控因素，即沒有參加實驗組
的教學法，也沒有家庭訪視部分。

　　此後，對兩組幼兒持續追蹤直至成年，掌握他們在各年齡
段的發展與表現，比較其異同，以瞭解學前啓蒙教保服務對他
們的成效與影響（Schweinhart & Weikart, 1980; Schweinhart,
Berrueta-Clement, Barnett, Epstein, & Weikart, 1985）。在
Perry Preschool的相關研究中，Schweinhart是主要的研究者之
一，他們的團隊在政府的支持與資助下，進行了一系列的追蹤研
究，包括分別在這些孩子們於15歲、19歲、23歲、40歲。這些
被追蹤的孩子們在幼兒園畢業之後入小學的初期，實驗組的學習
成效明顯高於對照組；但是在小學中後期，學習成效則沒有顯著
的差異。

　　直至他們到了中學階段，14至15歲時的研究則發現了，對
照組約有超過30%出現精神發展遲緩的身心缺陷等的學習與生活
問題，而實驗組有相關問題的約只有15%。之後，並在他們中學
結束前進行下一段的調查，發現實驗組的高中畢業比率爲67%，
而對照組僅有49%（Schweinhart, Weikart, & Larner, 1986）。

接著，在他們19歲時的追蹤調查發現，有繼續就讀大學或受中學後職業訓練的比例實驗組為38%，對照組只有21%；在領取社會福利救濟金部分，實驗組有18%，而對照組為32%；在犯罪率上，實驗組為31%，對照組則有高達51%有被逮捕或拘留的經驗（Schweinhart, Berrueta-Clement, Barnett, Epstein & Weikart, 1985; Schweinhart & Weikart, 1997）。

接續的研究，在Perry Preschool之前研究的基礎上，研究人員又進一步做了經濟效益分析。將計畫的開支，包括薪資、管理費、房費、資助費……等作為投入，把因而減少的特殊教育、拘留審訊費用及以後持續的福利救濟費……等項目作為效益，計算結果顯示每投入1美元，其效益為6美元。以這些被研究對象在27歲時的追蹤研究，得知每投資1美元可以獲得7.16美元報酬（Schweinhart, Barnes, & Weikart, 1993; Schweinhart & Weikart, 1997）。40歲時，每投資1美元可以獲得16.14美元報酬（Schweinhart, Montie, Xiang, Barnett, Belfield, & Nores, 2005）。當然，這種計算並不夠精確，其中很多都是估算的成分；況且，研究數據能夠列出的只是可計算的部分，實際上的教育效益在許多方面是難以計算的。

啟蒙方案是一個跨時間與地域的政府政策，在強調績效責任制的美國，這些方案衍生出許多研究，除了政府的委辦研究案外，學界與民間希望藉由這些相關研究來尋求提升方案成效的改善措施。因此，針對學習成效上，有些啟蒙方案的研究結果，提供了補充性或建議性的思考角度。例如：有些研究認為幼兒時期的學習成效的延續性不如期待，有些研究顯示方案在初步評估時的過分樂觀，也有指出參與計畫的幼兒其語文發展和學業成就並未達到全國標準，或是有些實施機構過於強調學業上的基本訓

練及正式課程；其他相關困難上，包括了缺乏合格教師與其他專業服務員、父母參與的人數仍然有限、某些地區甚至未能針對貧困幼兒的需求、忽略單親職業婦女的特殊需求、服務人員對於移民家庭文化上的不瞭解（湯梅英，2000；Chang, Huston, Crosby, & Gennetian, 2007; Love, Kisker, Raikes, & Tarullo, 1998; Neidell & Waldfogel, 2009）。也有許多研究用來比較接受啓蒙方案與未接受啓蒙方案者的差異，有下列數項發現：啓蒙方案在智能發展上有正面效果，兒童留級的和接受特殊教育安置者較少。接受啓蒙方案服務的家長，大多數表示支持。全年制的啓蒙方案優於短期的夏令營啓蒙方案。有些研究亦顯示，啓蒙方案能改善社會行爲、親子互動關係、父母的能力及幼兒營養……等（湯梅英，2000）。大致說來，這項計畫由社區推動、父母參與及其他相關資源的提供，已經得到多數人的接納與肯定。

綜合而言，從上述的美國大型實證計畫與其相關研究中，我們可以瞭解學前啓蒙教保服務雖然投入了大量的專業服務的人力、資源與經費，但是方案的長期追蹤研究更能凸顯出方案的意義與其重要性。以Perry Preschool的個案爲例，即以幼兒的發展爲核心，由幼兒園、社區與家庭三者進行協同合作。藉由這個研究，可以瞭解到方案的成效不能只是著眼在短期，而應該以幼兒長遠的發展爲考量，給予整合性的服務。由其研究結果顯示，對於幼兒的影響並非只有在學業成就上，對於其日後的身心健康與社會道德上都有所助益，也包括他們的人生觀與其職涯發展。

參、幼兒園、家庭與社區的夥伴關係

Essa與Rogers（1992）在他們的著作《幼兒課程：從

發展模式到應用》（*An early childhood curriculum: From developmental model to application*）中，提及：「孩子的生活環境是由家庭、學校、社區這三個同心圓由內而外所組成的。」他們認為幼兒的學習範圍是以自己和身體為人際互動的起點，依序擴展到家庭及其成員、幼兒園及其教師和朋友，再到周圍的社區環境與其成員。幼兒依據這樣的關係，來形成自我概念。這個論點和前文所介紹的Bronfenbrenner的理論有些接近，他們都主張環境對於幼兒的影響，不同的是Essa與Rogers著重在已經入學的幼兒，其自我概念的發展，聚焦在幼兒的認知與心理的發展上；而Bronfenbrenner則是以人類學、社會學、心理學與教育學的整合角度，看幼兒成長。但是，這兩個論點都一再地提醒我們，幼兒園、家庭與社區的關聯性。幼兒教保服務不能獨立於家庭、社會系統之外，教保服務人員必須與家庭、社區建立合作關係，才能建構出有助於幼兒全面發展的成長環境。

國內在「教保合一」（edu-care）改革後所制定的新法《幼兒教育與照顧法》（2011），即明確的說明了彼此之間的關係與職責，第7條條文提及「幼兒園教保服務應以幼兒為主體，遵行幼兒本位精神，秉持性別、族群、文化平等、教保並重及尊重家長之原則辦理。推動與促進幼兒教保服務工作發展為政府、社會、家庭、幼兒園及教保服務人員共同之責任。」另外，部分條文也說明了三者必須合作的立場。其第11條條文提到「幼兒園教保服務之實施，應與家庭及社區密切配合，以達成下列目標……」可知，幼兒園是居於中間的關鍵位置，在實踐其教保服務時，應該主動串聯家庭與社區。但是在社區發展上，幼兒園則是扮演協助者的角色，應該擴大其原本的功能，融入社區生活並成為其重要的教育資源。如第14條條文所述：「幼兒園得提供

作為社區教保資源中心，發揮社區資源中心之功能，協助推展社區活動及社區親職教育。」

此外，《幼兒園教保活動課程暫行大綱》（2012）實施通則的第十項，則更為清楚的說明三者應為「夥伴關係」。其標題為：「建立幼兒園、家庭與社區的網絡，經營三者間的夥伴關係。……」在標題下的說明部分，也提及「幼兒的生活環境包括了家庭、幼兒園與其身處之社區環境，且每個環境皆是幼兒拓展其生活經驗的重要來源；透過觀察及參與，幼兒可習得所處環境中重要他人的價值體系。」接續，分析上述暫行大綱中的內文說明；可知，幼兒園在與家庭、社區三者之夥伴關係上，應扮演主動的角色。首先，將生活中的社會文化轉化為教保活動課程；其次，邀請家長參與課程與教學，及應成為社區的參與者與共構者；再者，開放幼兒園以增進社區成員瞭解與接納。

由上述國內的相關法規與政令的論述，再對應前面我們所探究的相關學理與實證計畫。可知，幼兒的成長與發展，是一種與其生長環境彼此互動的動態歷程；幼兒園、家庭與社區均是幼兒累積各項學習資本的主要生活情境，三者應該互相為夥伴關係，並以健全幼兒成長為核心，拓展各項學習資源。本文依據Bronfenbrenner的「人類發展生態系統理論」、資本論中的經濟、文化、社會與健康資本、美國啓蒙方案的執行方式等，加上Essa與Rogers的同心圓學習情境。藉以歸納出幼兒園、家庭與社區三者間彼此的關係與影響，繪製如圖2。

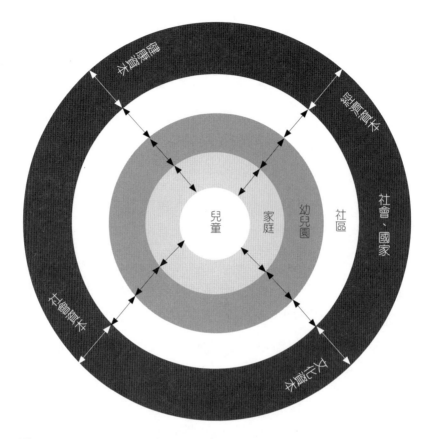

圖2　幼兒園、家庭與社區之微觀系統及其資本關係圖

備註：幼兒的相關資本

＊經濟資本：家庭財產、教育券、補助津貼、屋舍、設備……

＊文化資本：語言、禮儀、常規……

＊社會資本：人際關係、社交能力……

＊健康資本：生理健康、心理健康……

　　就如同Bronfenbrenner在「人類發展生態系統理論」上的論點，依據幼兒與環境間的遠近可以分成五個系統。詳見前文，圖1所示。然而，Bronfenbrenner的生態圖中，幼兒位於每個系統的核心位置，是獨立的角度，並無論幼兒是否已經入幼兒園學習。據此，本文以Bronfenbrenner的微觀系統，列出影響幼兒最為重要的家庭、幼兒園與社區，並加上了Essa與Rogers的同心圓

論點，分析已經入幼兒園學習的情境圖。因此，一樣是以幼兒為核心，但是將幼兒置於家庭與學校的情境中，均是二者的核心，如圖2所示。

　　然而，從資本論中，我們可以瞭解幼兒從出生後受到家庭的影響最大，家庭決定了他們的原始資本，包括了經濟資本、健康資本、文化資本與社會資本等。這些資本從家庭的給予開始，由圖中可見箭頭由家庭指向幼兒，家長的角色會影響這些原始資本的質與量。例如啓蒙方案中的弱勢幼兒，他們由家庭所獲得的資本可能就在經濟資本、健康資本、文化資本或社會資本等方面，產生了一部分或重疊性的匱乏。例如：移民家庭中常見的文化資本缺口，由於父母對於移居地語言文化的不適應，會不利於幼兒語言發展，形成幼兒文化資本的落差。這些資本也伴隨著幼兒的生長，會與他們一起在生活情境中形成交互作用，而產生資本的累積或耗費。

　　然而，已經入幼兒園學習的幼兒，則可能擴增除了原本家庭之外，累積健康資本、文化資本與社會資本的機會。例如：幼兒可以在幼兒園裡獲得教師的教導，與其他幼兒們一起學習、遊戲等，藉此有機會提升他們的語言、常規、禮儀、預防保健、人際關係、社交能力……等。此外，幼兒從家庭走入幼兒園，也將讓幼兒有機會接觸到家庭以外的物質環境，擴充其經濟資本。其中，政府對於學前教育的補助經費，通常會以教育券的形式補助一般幼兒，或以津貼的方式補助弱勢幼兒……等，藉以鼓勵家長讓其幼兒進入幼兒園的學習。當然，他們所居住的社區也會影響著幼兒的各項資本，對於已經入學學習的幼兒而言，他們與社區的互動除了可以透過家庭外，也有機會透過幼兒園產生交流。

　　由之前的論述中，我們瞭解社區具有其特殊性，社區當地

51

的地理區域、社會文化、行政管理……等，都會影響社區中的家庭、學校、機構……等，也是影響幼兒發展的主要環境之一。例如：居住於環境汙染社區的幼兒，可能會損害其健康資本；位於貧困社區的幼兒，可能缺乏經濟資本；居於文教社區的幼兒，可能擁有較佳的文化資本……等。因此，這些原本是社區對於幼兒的直接影響，可以透過家庭、幼兒園與社區的夥伴協作，投入所需的資源，例如：預防保健、啟蒙教育、經貼補助、親職教育……等；如此可能改善一些負向影響，而增進了正向的作用。如同，美國的啟蒙方案的積極介入，讓幼兒園、家庭與社區搭起夥伴關係，共同承擔幼兒共育的績效與責任，才有機會給予幼兒更好的生長環境，充實他們的人生資本，帶領他們走向充滿希望的新世代。

第二章　幼兒園、家庭與社區的相關政策與趨勢發展

　　本節的內容主要在論述幼兒園、家庭與社區之相關政策與發展趨勢，依序包括了三個區域：1.歐美幼兒園、家庭與社區的相關政策與趨勢發展，2.亞洲幼兒園、家庭與社區的相關政策與趨勢發展，及3.國內幼兒園、家庭與社區的相關政策與趨勢發展。

壹、歐美幼兒園、家庭與社區的相關政策與趨勢發展

　　關於幼兒園、家庭與社區合作的相關思潮，並非只有在當代才受到重視。三者的合作，以家庭與學校的合作為基礎，早在希臘三哲時期時蘇格拉底（Socrates，西元前470-399年）、柏拉圖（Plato，西元前427-347年）、亞里斯多德（Aristotle，西元前384-322年）時代，就有教導父母親應如何教育幼兒的案例。到了十六到十九世紀法國的盧梭（Jean J. Rousseau）、瑞士的裴斯塔洛齊（Johann H. Pestalozzi）、德國的福祿貝爾（Friedrich W. Froebel）都主張父母就是子女最好的老師，家庭教育對於幼兒學習有關鍵性的影響，並提倡「家長參與」（parental involvement）學校的合作（郭靜晃，2010；Berger, 1990; Glickman, 1986）。十九世紀末，英國的麥克米倫（McMillan）首創保育學校（nursery school），提倡家庭學校化，鼓勵家長到幼兒園觀察幼兒們的學校生活，希望建立家長與教師間的良好關係，增進家庭與幼兒園的合作，並引導家長負起教養子女的責任（黃意舒，2000）。

　　幼兒園、家庭與社區三者的整合，則是起因於十九世紀後期移民潮所形成的許多貧民區。在這些地區，父母為了適應產業工作，大多雙親均投入工作，幼兒的教養成了當地的負擔；因此，慈善團體在以家庭服務的理念下，在這些特別需要幫助的社區，

設置幼兒學校（郭靜晃，2010）。接著，幼兒教保的需求不再只是貧民區所迫切需要的服務，各地區也有一樣的需求；因此，幼兒園與托兒所以社區為立足點，持續擴展。

　　歐美的學前教育體系，最初均是源自民間的需求，由慈善團體（charity organization）率先投入。直至，各國成立民主國家以後，政府再以社會福利與教育的功能，建立相關的體制並投入資源。接續論述近代美國、英國，關於幼兒園、家庭與社區相關的發展。

一、英國幼兒園、家庭與社區之相關政策與趨勢發展

　　英國在參與第一次世界大戰結束後，造成的經濟與人力的困境，讓其政府瞭解到幼兒是影響未來國力的重要關鍵。英國也是近代中，主動將幼兒園、家庭與社區以政策法令進行資源結合的國家之一。1918年，英國國會頒布的「費雪法案」（Fisher Act），即規定各地區要普設2至5歲的幼兒保育學校（魏惠貞，2008）。然而，在1930至1940年代時，英國的都市發展急速蓬勃，包括了倫敦（London）、曼徹斯特（Manchester）等地，造成多數的學前教保機構集中設於繁榮的城市。直至，1960年代的「波勞頓報告書」（Plowden Report）中提出了「教育優先區」（Educational Prior Area, EPA）的規劃後，政府開始重視城鄉差距、族裔文化、社會地位、家庭弱勢……教育資源不利地區的相關問題，希望以積極性平等來補救已經存在的不平等。在這份報告書中，也提出了「家校聯繫」（home-school liaison）的策略，主張教師應主動聯絡家長，家庭和學校的合作關係有助於改善子女的學習（Plowden Report, 1967）。

　　接續，1969年英國的地區教育局（Local Education

Authorities）開始逐步委任家長加入學校的董事會（Dimmock, O'Donoghue, & Robb, 1996）。在1970年代的「泰勒報告書」（Taylor Report）與「瓦那克報告書」（Warnock Report）即明確的規範，家庭與地方教育主管機關的權責與關係。這兩份政令，均強調家長與地區教育局彼此是地位平等的夥伴。家長有權利參與學校的管理，學校也需要家長在地區事物上的協助，雙方應該建立溝通的管道，相互協助與支援（Taylor Report, 1977; Warnock Report, 1978）。在推動家長、社區與學校的聯繫上，英國1998年通過立法，建立了家長協會制度（Parent governor representatives, PGRs）。PGRs規定任何人只要年滿18歲，無論有沒有孩子在校讀書，也不需要有任何教學經驗，都可以參選家長協會，以家長代表身分來參與學校的一些日常事務。這樣寬鬆資格的制度，可以讓社區居民有機會可以參與學校事務。

由英國的政策報告書可以瞭解，英國政府致力於教育資源的補償，但是弱勢兒童的相關問題是複雜的，並無法在短時間內可以解決。為了能夠進一步的將教育資源導入關鍵時期與急迫需求者，幼兒是其教育改革的重要對象。1998年，英國政府規劃出「安穩起步方案」（Sure Start Program），這項政策計畫主要受到美國「啟蒙方案」（Head Start）的影響，都是一種採用社區為中心據點的介入式服務。「安穩起步方案」主要是在確保弱勢家庭未滿4歲幼兒的學習機會，並與「安穩起步地區方案」（Sure Start Local Program）進行串聯，整合了健康、教育、社會服務及志願服務等政府部門的相關措施與資源，讓貧窮且教育資源缺乏區域的家庭及其幼兒，能獲得完整性的關懷與協助（林雅容，2013；魏惠貞，2008）。英國政府希望能夠將資源投注在入小學前的幼兒階段，讓弱勢幼兒有足夠的學習機會，以幫助

他們順利銜接小學階段，能夠與其他兒童有一個公平的起步點。此外，英國政府對於「安穩起步方案」服務的評量方式採用整合性觀點，分析的資料兼具量化及質性，不僅以數據資料呈現兒童及家庭之服務成效，也以深度訪談暸解實務工作者、照顧者及幼兒之個人經驗（林雅容，2013）。在1998至2002年，英國持續投入4億5,000萬英鎊於「安穩起步方案」中，其對於社經、文化不利地區幼兒的語言能力提升有重要貢獻（葉郁菁，2006）。由此可知，英國在結合幼兒園、家庭與社區的趨勢發展上，是建立在學前教育資源的平等性，並考量了幼兒的家庭背景與社區資源，由幼兒園及其他相關機構一起提供支持性服務。

二、美國幼兒園、家庭與社區之相關政策與趨勢發展

美國的幼兒園、家庭與社區，三者合作的趨勢源自於民間；之後，因為要提升弱勢幼兒的教保服務，才由政府以政策法案的形式，推動三者成為互為夥伴的關係。1885年，美國的福祿貝爾幼稚園成立「母親協會」（National Congress of Mothers）後，各地幼稚園陸續組織家長團體。1897年，美國成立了「全國家長教師協會」（National Parent Teacher Association, NPTA），會員資格向全體美國人開放，主要參與的是家長和教師。NPTA的職責與使命，在於促進美國各社區中家庭與學校的合作。美國的NPTA，包括了全國性組織，及各地的分區組織。它的功能共有三項：一是結合家長力量，推展各種教育行動；二是要求教育改革，影響教育立法；三是協調家長與教師的關係，解除二者之間可能存在的衝突（林清江，2000）。接著，以家庭為中心，結合幼兒園與社區資源的合作理念，在1900年代受到了重視。在這個階段，首先將理念化成

具體行動的是美國芝加哥大學（University of Chicago）的學者們。因為瞭解到家長參與對於幼兒學習的影響，他們在1916年於當地成立了一所特色幼兒園，名為「家長保育學校」（Parent Nursery School），這所學校的理念引起了其他家長們的共鳴，並陸續地在美國各州掀起仿作的熱潮，許多幼兒園開始重視家庭與幼兒園合作的重要（黃意舒，2000；郭靜晃，2010）。直至1940-1950年代，這種強調親師合作的幼兒園，經過持續性的發展已逐步的建立模式。在家長合作式的幼兒園中，學校的董事會主要是由家長組成，家長參與了學校的行政管理與課程設計。整體而言，這些幼兒園大多是以推動親職教育與社區服務為主要特色。幼兒的學習課程是以孩子們的真實生活為主要的議題，包括了家庭、學校與社區。

　　然而，在此階段聯邦政府開始關注受到戰火摧殘地區的幼兒。1941年的拉漢方案（Lanham Act），就特別編列了預算在兒童照顧的部分（魏惠貞，2008）。戰爭結束後的貧困家庭問題，促使聯邦政府於1960年代開始積極的投入經費與資源在學前幼兒的啟蒙服務上，著名的啟蒙方案（Head Start Program）就是一場長期性的延續政策。這個全國性的政策，是由聯邦政府提供經費，交由地方政府規劃於各地社區落實執行，提供弱勢幼兒在學齡前所需要的教保服務，包括了教育、醫療、社會福利……等之全面性的支持，幼兒園即是其中的服務機構之一。啟蒙方案是以居住社區為服務申請的據點，重視家庭與幼兒學校的互動，鼓勵家長的參與，也關心家長與社區的關係。啟蒙方案長期受到政府的支助，必須肩負績效責任；在政府委辦的相關研究方案與民間研究中，對於方案執行的成效，相繼引發一些建議與批評。整體而言，幼兒確實是受惠者；需要進一步修正的是，方

案執行的整合性與資源分配的有效性（Chang, Huston, Crosby, & Gennetian, 2007; Love, Kisker, Raikes, & Tarullo, 1998; Neidell & Waldfogel, 2009）。目前，啓蒙方案仍在持續的推動中。這個方案的施行，是具有示範作用的引線，讓幼兒的教保服務，能結合幼兒園、家庭與社區；除了在美國持續推動達半世紀之久，也將相關的經驗傳遞到各國。

貳、亞洲幼兒園、家庭與社區的相關政策與趨勢發展

亞洲的教育發展，受到中國儒學思想的影響，最早將家庭、學校與社區結合的形式源於私塾，是一種非正規的私人講學之教育方式。私塾是中國古代民間辦理的教育機構，產生於春秋時期（西元前770至前476年），具有悠久的歷史，並擴及於鄰近的亞洲其他區域。私塾大多由當地的讀書人以私人身分開辦，設立於教書者的自宅，入學者多爲6歲左右的孩童，由學生家長繳交學費。經濟富裕的家庭，則會自行延攬師資至家中爲他們的子弟指導授課；有些是由鄰近親族所聯合設立，常會設於其宗族的祠堂，教導同性的孩童。也有由地方社區集資設立的，稱爲鄉井合資私塾，主要是爲當地居民想要讀書識字、參加科舉而設置的（賈國靜，2002；賈學政，2005）。可知，春秋開始的私塾制度，相較於前文所提到西方希臘三哲時期爲早。東方的私塾、不但是幼兒啓蒙教育的基礎，也發展出不同的且具體的學校運作模式，可謂是現代幼兒園的前身。這些私塾在結合家庭與社區的運作方式上，包括了傳統以教師爲中心的私塾、以家庭爲中心的家塾、以親族爲中心的宗塾，及以社區爲中心的鄉塾……等。

然而，不僅於此，早於春秋時代以前，華人文獻中有載及

「公育公養」方式，是一種將家庭、教育與居住地結合的原始生活模式。約於西元前2100年至古代的夏朝建立前，原始社會從母系氏族公社逐漸向父系氏族邁進，穴居雜處，處於「知母不知父」的時期，孩童的教養為氏族公社之全體責任。此時期的幼兒教育特色為──公養公育，孩童生養於氏族公社，公社除了生理性的養育外，也會教導孩童生活於公社的規範，也包括生活居住區域的生存技能，例如：狩獵、捕食、避難……等（北京中國學前教育史編寫組，1993；余書麟，1971；徐宗林、周愚文，1997；翁麗芳，1998）。由上古時期的公育公養制度，可以瞭解到先人對於幼兒的生育與教化的共識與職責，是以家庭與生活區域為資源與教材。以現代的概念回顧上古時期的公社，公社具備了整合性的功能，是家族的生活區域，也如同是幼兒學習的啟蒙學校。

　　無論是上古時期的「公育公養」方式，或是之後擴及亞洲其他區域的「私塾」制度，這些記載可以讓我們瞭解到幼兒啟蒙的學習場域，主要仰賴家庭與社區的相關資源。然而，對於缺乏家庭功能的孤兒或貧困幼兒而言，是難以充分獲得這些教育資源。因此，當地政府與民間慈善人士，陸續興辦「慈幼機構」，提供幼兒保護、教養……等之功能。直至，西方的傳教士東來，在亞洲各地創辦結合東方與西方的新式「育嬰堂」，讓幼兒在教養機構成長，學習地區的謀生知識與技能（徐宗林、周愚文，1997；翁麗芳，1998）。接續，各國政府陸續成立公共的育幼機構，例如中國的「蒙養園」。然而，第二次世界大戰結束後，家庭與產業結構改變，家庭對於幼兒的教保需求提升，因此各地區擴增了各式學前教保機構，例如：臺灣的幼稚園、托兒所，日本的幼稚園、保育所，香港的幼稚園、幼兒中心，新加坡的幼稚

園、兒童照顧中心……等。其中，在2000年過後，日本與臺灣已經以法令明確的界定幼兒園具有整合家庭與社區的功能與職責，並據此逐步的推動中。

一、日本幼兒園、家庭與社區之相關政策與趨勢發展

日本的學前教保機構分成幼稚園與保育所，兩者的區分是在家庭結構與社會福利需求。幼稚園招收3至6歲的幼兒，提供一般家庭半日制的教保服務，納入學校教育體制的一部分，行政上歸屬文部科學省管理；保育所則是作為缺乏保育條件家庭嬰幼兒的福利機構，招收出生至6歲的幼兒，提供全天制的教保服務，但是需要具備雙薪、單親、疾病……等之家庭條件限制的入園資格審定，行政上歸屬厚生勞動省管理（日本文部科學省，2013；日本厚生勞動省，2013）。可知，日本廣義的幼兒園是包括幼稚園與保育所等兩種機制。但是，在2006年以後，世界各國在推動「教保合一」（edu-care）的改革時，日本的文部科學省與厚生勞動省已經聯合創設了「認定幼兒園」（翁麗芳，2010）。這是日本政府因應各地方保育所不足所衍生的新體制，以幼稚園與保育所合作的方式增加幼兒的教保服務。

要瞭解日本的幼兒園、家庭與社區的發展趨勢，必須由日本戰後興起的民間組織，及政府相關法規的制定等面向來瞭解。首先，從民間團體的成立來論述。日本在第二次世界大戰結束後，受到美國駐軍並參與其戰後教育改革的影響，家長教師聯合協會的理念引進了當地。起初，根據駐日盟軍總司令部的提案半強制性地成立，後來在1957年定名為「日本父母教師聯合會」（Parent Teacher Association, PTA），包括了學前教育、小學、中學等各級學校，是日本近代重要的教育團體之一（史景

軒，2005；楊桂梅，2004）。日本的PTA是由學生家長和教師組成的社團，主要是憑藉著會員間的互相學習與交流，以增進學校與家庭、社區的溝通，創造一個有利於兒童成長的環境。

　　日本PTA在組織結構有四個層級，包括了班級、學校、地方或社區、全國等部分。1.班級PTA：是PTA的最基層組織，委員們是由家長自薦或推舉產生，並與班級教師協同合作。2.學校PTA：所有的家長和教師都是PTA的會員，學校PTA從各班級PTA委員中推選產生，主要是擔負兒童在學校生活與社區中活動的督導與管理。3.地方或社區PTA：是由社區內的各校PTA所組成並推選部分委員，主要需負責指導與協調各校的PTA組織，希望各校能夠合作並在當地發揮重要的功能。4.日本PTA全國協議會：這個單位是PTA的中央機構，由上述三層基層組織所組成，主要是負責全國各地的PTA活動進行指導和協調，並開辦開展各種公益事業，及發掘蒐集各地出色的PTA活動實踐案例，編寫並發放「PTA實踐事例集」，以改善兒童教育環境為宗旨（史景軒，2005；楊桂梅，2004）。

　　其次，由政府的相關法規政令來論述。日本的學前教育主要是受到1947年的《教育基本法》與《學校教育法》所定位規範。《教育基本法》為日本之教育法律的指導總法，而《學校教育法》則是明定了各級學校制度，其中第1條即將幼稚園列入了學校制度中，排在小學之後。1948年，文部科學省頒布了《保育大綱》，它是幼兒保育的指南。1956年，文部科學省接續頒布了《幼稚園教育大綱》和《幼稚園設置標準》，前者規定了幼稚園教育的方針與內容等，後者主要為規範幼稚園的相關管理機制等。

　　隨著社會時勢的變動，日本持續關注幼兒園、家庭與社區的

資源整合議題。1986年，「中央教育審議會」指出幼稚園、家庭和社區三位一體對學前兒童教育是非常重要的，可以克服學前教育的封閉性；1990年的《幼稚園教育要領》指出，幼兒的生活以家庭爲主，逐漸擴大到社區社會。這些政令提醒幼稚園必須主動與家庭聯繫，並且幼稚園的生活要與家庭、社區生活保持密切聯繫，以利幼兒的成長。

2005年，「中央教育審議會」在報告中提出了振興幼稚教育的七項政策支柱：1.幼稚園、保育所協作制度活用推進；2.對希望入園的幼兒實施針對性教育；3.充實作爲「促進身心發達與學習接續」的幼稚教育；4.提升教員的資質和專業化水準；5.家庭、地域社會教育力的再生與提升；6.爲落實終身教育政策；7.強化地域對幼稚教育的支援。其中的幾項策略，均是在強化幼兒教保機構應該結合家庭與當地社區，以提升三者合作的資源與效能（日本文部科學省，2009；日本文部科學省，2014；日本學校教育法，2011）。

之後，2006年時《教育基本法》進行的相關修訂中，在其中的「幼稚教育」項目，即明定：「幼兒期的教育在人的整個生涯中對於人格的形成是極爲關鍵的，是人格塑造的基礎。國家及地方公共團體應當爲幼兒的茁壯成長創造良好的環境，應努力振興幼稚教育。」接著，2007年《學校教育法》也進行了修訂，該法第1條則將其置於小學之前，並將其定義爲：「幼稚園爲義務教育及其後的教育培植基礎，以保育幼兒、爲其健康成長提供適當環境，促進其身心發展爲目的。」新法除了在內容上加強了對於幼稚園的定義，並新設了「家園合作」的項目，其具體規定爲：「幼稚園除了實現前述規定的目的所行教育之外，與幼稚教育有關的各種問題，應與監護人及地區居民以及其他關係者舉

行會談，提供必要的資訊及建議，努力為家庭及地區的幼稚教育提供支援。」由此項條文內容，可以瞭解到日本重視幼兒教育的在地化，藉此規範幼稚園並非只是單向地承擔學校教育的責任，並應該肩負中間者的協調功能，增進與幼兒家庭及其地方居民的雙向交流與合作（日本文部科學省，2008；日本學校教育法，2011）。

　　然而，從上述日本的法規政令中，可以瞭解到幼兒園、家庭與社區的合作關係，在2008年新修訂的《幼稚園教育要領》和《保育所保育指南》中，則有細部的具體規定。前者稱之為「與家庭及社區的合作」，將後者稱之為「育兒支援」，兩者合併為「家園共育」政策，二者各自針對其施行內容做出了相關的規範（日本文部科學省，2008；日本文部科學省，2009；日本文部科學省，2014；日本學校教育法，2011）。

　　在《幼稚園教育要領》中，對於三者合作之規範，關於「與家庭及社區的合作」，其規定：「幼稚園的生活，要充分努力與家庭合作，保持與家庭及社區的連續性。在開展幼稚園教育活動時，要積極靈活地運用社區的自然、人才、慶典活動以及公共設施等資源，努力使幼兒獲得豐富的生活體驗。在與家庭合作時，要給家長提供交換資訊的機會和親子互動的機會，加深家長對幼兒期教育的理解。」另外，關於「育兒支援」部分，則規範「幼稚園要根據社區的實際情況及家長的需求，在法定的教育時間（4個小時）結束後，可面向需求者（包括入園兒童）開展委託教保活動。」可知，為了實現幼稚園教育的目標，豐富幼兒的整體生活，幼稚園要努力為家庭和社區提供幼兒期的教育支援。針對幼稚園的「育兒支援」，《幼稚園教育要領》中還特別強調：「幼稚園要努力起到作為社區幼兒期教育中心的作用，對家

長和社區居民開放各種功能的設施，完善園內體制並與相關機構合作，針對社區居民開展有關幼兒期教育的諮詢活動，提供有關資訊，歡迎幼兒和家長來幼稚園，為家長們提供交流的機會。」

在《保育所保育指南》中，對於三者合作之規範，特別強調保育所在制定保教計畫時，要特別注意「與家庭及社區的合作」，並提及「保育所要在開展保教活動時，要爭取得到家庭及社區之相關機構團體的合作，要積極靈活地利用社區的自然、人才、慶典活動以及公共設施等資源，使幼兒獲得豐富的生活體驗，充實保教內容。」關於「育兒支援」，《保育所保育指南》特別強調了「社區的育兒支援」等的實際運作內容，並規定了：「保育所，在不影響其正常的保教活動的前提下，根據社區的實際情況以及該保育所的體制條件等情況，要努力做到積極地為社區的育兒家長提供以下的育兒支援服務。」彙整其支援服務內容，包括：1.發揮社區育兒基地的功能：向育兒家庭開放保育所的設施、設備，提供體驗性的保教服務等，給予育兒諮詢與援助，為育兒家庭提供交流場所並促進其交流，提供社區的育兒支援資訊。2.提供臨時保教服務。3.爭取得到市町村級地方政府的支援，積極與本地區的相關機構團體等合作，形成社區育兒支援的人力資源。4.針對本地區需要受保護的兒童等問題，與地區協定會等相關機構合作以提供必須的育兒支援。

二、臺灣幼兒園、家庭與社區之相關政策與趨勢發展

臺灣近代幼兒園、家庭與社區的發展，先後受到日本與歐美幼兒教保制度與思潮的影響。首先，由幼兒教保機構的功能與沿革論述。臺灣因為受到日本五十年殖民的影響，幼兒教保機構與日本一樣呈現二元化，包括了幼稚園與托兒所。但是，不一樣的

是日本將幼稚園納入學校體制，而臺灣迄今仍沒有將學前教保機構列入正規的學校體制中。

　　臺灣的幼稚園起源於1897年，由臺灣人蔡夢雄在參觀了日本京都、大阪的幼稚園後，在臺南創辦了臺灣第一所幼稚園，名爲「關帝廟幼稚園」，也是第一所由臺灣人爲臺灣孩童創設的學前教育機構。但是，由於幼兒教育的風氣、理念與需求在當時的殖民環境中並不被重視，所以在經營兩年後宣告關閉。接續，1900年起，日據時代的幼稚園多以服務日本子弟爲主，如仿造日本內地貴族學習院的「臺北幼稚園」、臺南日商明治製糖會社附設之「總爺幼稚園」等。幼稚園在此被視爲新式教育，甚至是特權階級的奢侈品（石萬壽，2004；朱敬先，2005；翁麗芳，1998）。

　　至1920年代，臺灣各階層人口就業穩定，尤其以地方農業爲盛，爲維持青壯人口的社會貢獻，仿日本的地方「鄰保」制度興起；然而，鄰保制度最初的源頭則是日本在1890年代學習英國的「湯恩比館」（Toynbee Hall）。湯恩比館是一種社區睦鄰機制，幫助貧民與貧童可以得到保護與教化。日本的第一家鄰保館，是在1897年設立於東京。臺灣的第一家鄰保機構，是由日人稻垣藤兵衛於1916年在萬華設立的「人類之家」（黃彥宜，2007；Briggs & Macartney, 1984）。臺灣的鄰保制度，以家庭救助與教育爲核心，主要是在協助家長就業與兒童照護，分社會與兒童兩部。鄰保所提供的社區服務，包括了家庭訪問、職業介紹、失業救助、義塾教化、農園耕作等方案。並於每一地區設「方面委員會」，用以調查與辦理地區之社會事業，其業務包括保健醫療、兒童保護、斡旋介紹、戶籍整理、金錢濟助等項，功能類似於今日的社區福利服務中心（黃彥宜，1991）。可知，

此時期的鄰保，結合幼兒教保服務與家庭的社會援助，具有社區幼兒托育的功能，是當時之後托兒所的基礎。

臺灣光復初期，農業是各級產業的基礎，農忙時期婦女必須協助農事，經常無暇照顧幼兒。臺灣省政府社會處為使農村幼兒能獲得良好的保育，並減輕農村婦女的負擔，於1955年（民國44年）開始在各鄉鎮成立「農忙托兒所」，兼有經濟與福利的功能，並由社會處邀集農林廳、財政廳、省農會等單位，研擬托兒所設置辦法及推行辦法，政府開始積極推展托兒服務（林勝義，1986）。此外，原本在日據時代就已經創設的幼稚園，則繼續的提供鄰近地區幼兒的教育服務。隨著社會變遷，托兒所提供了長時間的托育服務，衍生了必須的教育功能；幼稚園也因為家長的需求與期待，擴展了照顧與保護的服務功能。因此，造成了這兩種學前機構在服務功能上的重疊。並且，由於托兒所立案與管理資格較幼稚園寬鬆，也形成了二者在品質與管轄等議題上的比較與爭議。

據此，為了有效解決內部情境問題與因應外部國際趨勢，幼托整合政策是臺灣政府與學界所致力的改革議題。其內部的情境問題，即為解決幼兒托育及教育機構與制度的分屬與重疊，及提高教保品質等因素。外部的國際趨勢，則是對應國際經濟合作與發展組織（Organization for Economic Cooperation and Development, OECD）、與聯合國教科文組織（United Nations Educational, Scientific and Cultural Organization, UNESCO）所推動的「幼兒教保合一」（Early Childhood Education and Care）政策。臺灣的幼托整合政策歷經了將近二十年的時間，終於在2011年經過政府立法院公布《幼兒教育及照顧法》，並於2012年正式施行。這是學前教育制度的統合，將原本的托兒所

與幼稚園整合為「幼兒園」，招收2至6歲的學齡前幼兒，由教育部監督管理。幼兒園在「幼兒教育及照顧法」的引領下，除了原本的政府管轄與機構整合外，並著重在幼兒權益、家長參與及社區服務等。

事實上，在《幼兒教育及照顧法》施行前，國內已經在2003年公布了《家庭教育法》、2004年完成了《家庭教育法施行細則》，這些法規確認了中央政府與地方政府對於推動家庭教育的權責。其中，《家庭教育法》第7條規範各地方政府應設置「家庭教育中心」、「家庭教育人員」及其相關事項：「直轄市、縣（市）主管機關應遴聘家庭教育專業人員，設置家庭教育中心，並結合教育、文化、衛生、社政、戶政、勞工、新聞等相關機關或單位、學校及大眾傳播媒體辦理下列事項：一、各項家庭教育推廣活動。二、志願工作人員人力資源之開發、培訓、考核等事項。三、國民之家庭教育諮詢及輔導事項。四、其他有關家庭教育推展事項。前項家庭教育專業人員之資格、遴聘及培訓辦法，由中央主管機關定之。第一項家庭教育中心之組織規程，由各級主管機關定之。本法公布施行前，各直轄市、縣（市）政府依規定已進用之家庭教育中心專業人員，經主管機關認定為績優並符合第二項專業人員資格者，得依業務需要優先聘用之。」其第2條則說明了家庭教育的範圍：「本法所稱家庭教育，係指具有增進家人關係與家庭功能之各種教育活動，其範圍如下：一、親職教育。二、子職教育。三、性別教育。四、婚姻教育。五、失親教育。六、倫理教育。七、多元文化教育。八、家庭資源與管理教育。九、其他家庭教育事項。」據此，家庭教育中心成為政府落實在教育機構、家庭與社區的橋梁，尤其是在親職教育的部分。原本由幼兒園規劃的親職教育服務，也開始與家庭及

社區進行資源的整合與合作。

　　直至2011年，在新制定《幼兒教育及照顧法》的規範下，可以瞭解臺灣對於幼兒教育的定位與角色職責。其第7條的條文，首先規範幼兒園的服務理念及尊重家長等之原則：「幼兒園教保服務應以幼兒為主體，遵行幼兒本位精神，秉持性別、族群、文化平等、教保並重及尊重家長之原則辦理。」接續，論及教保服務並非幼兒園單一的職責，而是家庭、社區、政府等共同的責任，尤其政府應該對於經濟、社會、文化、區域、健康不利等的幼兒，提供適切的教保服務或相關補助：「推動與促進幼兒教保服務工作發展為政府、社會、家庭、幼兒園及教保服務人員共同之責任。政府應提供幼兒優質、普及、平價及近便性之教保服務，對處於經濟、文化、身心、族群及區域等不利條件之幼兒，應優先提供其接受適當教保服務之機會。公立幼兒園應優先招收不利條件之幼兒，其招收優先順序之自治法規，由直轄市、縣（市）主管機關定之。政府對就讀幼兒園之幼兒，得視實際需要補助其費用；其補助對象、補助條件、補助額度及其他應遵行事項之辦法，由中央主管機關定之。」

　　雖然，由在第7條的條文中可以瞭解政府必須肩負起積極的角色與職責，並規定公立幼兒園應該優先收托這些教育資源不利、身心弱勢的幼兒。但是，臺灣仍存在著有離島、偏鄉及原住民部落等的區域性問題；例如：缺乏公立幼兒園、社區交通不便、合格師資有限、鄉土語或母語傳承不繼……等。因此，第10條條文中即提出了「社區互助式」或「部落互助式」的彈性制度：「離島、偏鄉於幼兒園普及前，及原住民族幼兒基於學習其族語、歷史及文化機會與發揮部落照顧精神，得採社區互助式或部落互助式方式對幼兒提供教保服務；其地區範圍、辦理方

式、人員資格、登記、環境、設施設備、衛生保健、督導、檢查、管理及其他應遵行事項之辦法，由中央主管機關會同中央原住民族主管機關定之。」如此，讓這些區域可以依法辦理幼兒的教保服務，並能兼顧社區地方的背景與需求。並於，第43條條文中規範了政府對於「社區互助式」或「部落互助式」的職責：「直轄市、縣（市）主管機關對主管之幼兒園及以社區互助式或部落互助式方式對幼兒提供教保服務者，其優先招收經濟、文化、身心、族群及區域等不利條件幼兒，應提供適切之協助或補助。直轄市、縣（市）主管機關辦理前項協助或補助事項有經費不足情形，中央主管機關應視其財力予以補助。」

　　在2012年公布的《社區互助式教保服務實施辦法》中，其第1條即說明法源：「本辦法依幼兒教育及照顧法（以下簡稱本法）第十條規定訂定之。」第2條則明確的規定了設置條件：「離島、偏鄉或原住民族地區，具備下列各款要件之一者，得設立社區互助教保服務中心，提供二歲以上至入國民小學前幼兒教育及照顧服務（以下簡稱教保服務）：一、部落或國民小學學區內未設有公、私立幼兒園，且因地理條件限制，難以覓得符合幼兒園設立要件之場地及教保服務人員。二、國民小學學區內已設有公、私立幼兒園者，因地理條件限制，幼兒難以至該學區內幼兒園接受教保服務。前項社區互助教保服務中心，以招收幼兒三十人為限。但情形特殊，經直轄市、縣（市）主管機關核准者，不在此限。」關於，社區互助式教保服務人員的資格上採取較為寬鬆的認定，但是強調任職期間的在職進修。詳如第19條條文：「社區互助教保服務中心之服務人員，除主任得由教師、教保員、助理教保員兼任外，應置專任之教師、教保員、助理教保員。前項服務人員因地理條件限制有進用困難者，於進用足額

前，經直轄市、縣（市）主管機關核准，得以具保母人員技術士
證者替代。社區互助教保服務中心招收具原住民身分之幼兒，其
有依原住民族教育法規定提供其學習族語、歷史及文化之必要，
經報直轄市、縣（市）教育及原住民族主管機關會同核准者，前
二項之服務人員得依下列規定，以經原住民族族語認證且具高中
職以上學歷者替代之。但不得全數替代：一、招收具原住民身分
之幼兒達百分之五十者，替代一人。二、招收具原住民身分之幼
兒達百分之九十者，替代二人。社區互助教保服務中心應將前三
項服務人員之資格證書影本，公開於明顯處所。」另，以第22
條條文規定了其服務人員的專業進修：「社區互助教保服務中心
應訂定服務人員教育訓練計畫，其訓練時數如下：一、第十九條
第一項人員：應依本法第十五條第五項及第三十二條第二項及第
三項規定完成訓練。二、第十九條第二項人員：每年至少參加教
保專業知能研習（包括基本救命術訓練）三十六小時以上。三、
第十九條第三項人員：每年至少參加教保專業知能研習（包括基
本救命術訓練）七十二小時以上。」可知，為了能確保社區互助
式教保服務人員的服務品質，社區互助式教保中心必須要提出服
務人員的教育訓練計畫並確實執行。

　　由上述的法規政策，可以瞭解臺灣在學前教育改革除了強
化政府的角色職責外，並希望能落實「因地制宜」的社區服務
理念。其中《幼兒教育及照顧法》的第14條內容，即規範了幼
兒園與社區結合的方式：「幼兒園得提供作為社區教保資源中
心，發揮社區資源中心之功能，協助推展社區活動及社區親職教
育。」這個規範是以往舊法中所欠缺的，讓幼兒園兼具了地區公
關的角色，成為社區的資源中心，並協助社區活動與社區親職教
育等的推展。由於，這樣的變革是新的里程與方向，政府在這方

面的相關措施仍在規劃與建設中，各地方政府多以年度計畫的方式進行試辦，目前仍需要制定更為具體的執行方式與辦法。

　　在《幼兒教育及照顧法》的推動下，幼兒園與家庭及社區的關係也有了明確的定位，三者合作以達成教保服務的目標。幼兒園必須肩負起串聯三者的關鍵角色。其中，第11條的條文即說明了三者合作的方向：「幼兒園教保服務之實施，應與家庭及社區密切配合，以達成下列目標：一、維護幼兒身心健康。二、養成幼兒良好習慣。三、豐富幼兒生活經驗。四、增進幼兒倫理觀念。五、培養幼兒合群習性。六、拓展幼兒美感經驗。七、發展幼兒創意思維。八、建構幼兒文化認同。九、啟發幼兒關懷環境。」而，其後的條文也提醒了幼兒園的服務內容，除了協助幼兒身心發展外，也應該關注其社會需求與舉辦促進親子關係的活動。詳如其第12條內文：「幼兒園之教保服務內容如下：一、提供生理、心理及社會需求滿足之相關服務。二、提供營養、衛生保健及安全之相關服務。三、提供適宜發展之環境及學習活動。四、提供增進身體動作、語文、認知、美感、情緒發展與人際互動等發展能力與培養基本生活能力、良好生活習慣及積極學習態度之學習活動。五、記錄生活與成長及發展與學習活動過程。六、舉辦促進親子關係之活動。七、其他有利於幼兒發展之相關服務。幼兒園教保活動課程大綱及服務實施準則，由中央主管機關定之。」

　　此外，從《幼兒教育及照顧法》的修訂，也可以瞭解其受到歐美與日本在「家長教師聯合會」（Parent Teacher Association, PTA）的影響，重視幼兒家長參與及家長選擇的趨勢。並於其第34條條文中規範：「幼兒園得成立家長會；其屬國民中、小學附設者，併入該校家長會辦理。前項家長會得加入地區性學生家

長團體。幼兒園家長會之任務、組織、運作及其他相關事項之自治法規，由直轄市、縣（市）主管機關定之。」可知，幼兒園家長聯合會的組織，在新法中的明文規定，有助於其未來的發展。如同，臺灣在1990年代起所推動的中小學校務會議、校長遴選制度……等，對於家長的參與的倚重。

因應《幼兒教育及照顧法》的規範，2012年10月公布的《幼兒園教保活動課程暫行大綱》，則已經嘗試將幼兒園、家庭與社區三者結合與落實。在其實施通則中的第六項與第十項即有明確的說明。在第六項中：「教保服務人員需關照有特殊需求的幼兒（包括區域弱勢、經濟弱勢和特殊幼兒），提供合宜的教育方式。」

其內文指示，幼兒可能因為生理發展、心理狀態、家庭背景、環境因素及文化習慣的不同，而造成同年齡幼兒之間，在各方面的能力表現有所差異。幼保人員應秉持「帶好每一位幼兒」的目標，透過專業能力來覺察班級中有特殊需求的幼兒，並提供必要的協助。此外，在教導區域弱勢或經濟弱勢的幼兒，教保服務人員應該要先瞭解幼兒家庭背景與需要，提供個別教學時間或訂定個別學習計畫，來幫助幼兒提升學習興趣及能力。另，教導特殊幼兒時，教保服務人員宜瞭解其身心發展狀況與其需要，引介相關資源或支持服務，訂定個別化的教育計畫（IEP），協助幼兒身心發展。在第十項實施通則中，則明定了：「建立幼兒園、家庭與社區的網絡，經營三者間的夥伴關係。透過教保活動課程，以培養幼兒對文化的投入與認同。面對多元文化的社會，培養幼兒面對、接納和欣賞不同文化的態度。」

其內文指示，幼兒的生活環境包括了家庭、幼兒園與其身處之社區環境，且每個環境皆是幼兒拓展其生活經驗的重要來源。

　　幼兒會透過觀察及參與，而學習到所處環境中重要他人的價值體系，包括家人、教師、友伴、鄰居……等。因此，教保服務人員須覺察與辨識生活環境中的社會文化活動，並將其轉化為幼兒園的教保活動課程。並且，幼兒園需要主動提供機會，讓家長參與幼兒園的課程與教學，並以實際行動參與社區，以加深幼兒的情感與認同，成為社區的參與者和共構者。幼兒園也是社區的一部分，幼兒園的開放可讓社區成員瞭解與接納幼兒園，體驗與實現幼兒園的教育理念，以促成家庭、幼兒園與社區間社會網絡的連結。教保服務人員必須瞭解每位幼兒來自不同的家庭，也帶著不同的文化進入幼兒園；在教學的過程中應重視彼此文化的獨特性與差異性，經營多元文化的教保活動課程，使幼兒能從體驗中學習接納和尊重。

　　由2011年公布的《幼兒教育及照顧法》、2012年的《幼兒園教保活動課程暫行大綱》，及2012年的《社區互助式教保服務實施辦法》的相關法規與政策中，可以瞭解到政府及民間對於學前教保服務的重視。其中，政府必須肩負起相關制度規範與管理的主要職責，尤其是對於社經不力與身心弱勢的幼兒需要採取積極性關懷。此外，幼兒園應與家庭、社區三者間建立夥伴關係，且應該扮演主動的角色。例如：將生活中的社會文化，轉化為教保活動課程；邀請家長參與課程及教學，及應成為社區的參與者及共構者；開放幼兒園，以增進社區成員瞭解與接納。這些是國內目前在推動幼兒園、家庭與社區上，所致力的方向。

第三章 當代多元化家庭的親職需求與相關活動規劃

　　當我們藉由前述的定義、學理、法源等的理解，並探究各國的發展趨勢，可以瞭解到幼兒園、家庭與社區三者的重要性與彼此的關聯。接續，要分析的是如何建立三者的夥伴關係。誰是這三者的核心呢？由Bronfenbrenner的人類發展生態系統理論中，我們可以清楚的知道幼兒是位於整個系統的中心點，是每個系統的核心。

　　然而，最接近幼兒的系統是微觀系統，其中原始的社會單位就是家庭。幼兒與外界的互動，最初的媒介就是藉由家庭中父母的生育與養育，在他們的帶領與引導下，幼兒開始有了不同層次的人際互動與社會交流。於是，幼兒開始因應其原生家庭的不同，而有了經濟、文化、社會、健康資本等的差異。

　　此外，由各國的相關政策與法案等的回顧，可以瞭解到政府對於地方社區與幼兒園所給予的角色定位與職責劃分，二者均具有積極性的功能，應該主動協助家庭以健全幼兒的身心發展。由於家庭是幼兒主要的生長環境，它在與幼兒園、社區的三角關係中，是屬於關鍵樞紐的位置，也是其他二者將資源導入的接口。因此，認識幼兒家庭以瞭解其家庭需求是必要的，如此才能規劃相關的親職活動，提供幼兒及其家庭相關的支援與資源。

　　本節首先分析社會變遷與當代多元家庭的類型、幼兒家庭親職方案的設計與評估，再論述核心家庭、單親與繼親家庭、隔代教養家庭、特殊幼兒家庭、新移民家庭等的親職需求與相關活動規劃。

壹、社會變遷與當代多元家庭類型

　　家庭類型的改變並不是一朝一夕形成的，而是隨著時代與社

會的沿革與發展，而產生的逐步調整與轉變。如同前述我們從華人祖先上古時代的「公育公養」的家庭型態，進化到以生育後代為維繫家庭關係的母系社會，再轉變成以防禦外敵與狩獵農耕為主的父系社會。

人類的家庭形式，印證了長時間的歷史沿革與文明發展。工業革命（Industrial Revolution）、民主思潮（Democracy）、性別平等（Gender equity/fairness）與第二次世界大戰（World War II），則是近代最重要的社會變遷因素。十八世紀開始的工業革命開啓了各級產業，大量的機械化生產取代了原有的勞力，生活與經濟的變動造成了人口的流動，同時也逐漸的鬆開了傳統的家族或家園間緊密關係。相對於工業革命，家庭結構與功能的轉變是被動的因應時勢的變化。然而，十九至二十世紀的民主思潮與性別平等，則是一波從人類思想上掀起的另一波革命，人們以要求平等的精神，主動的改革了國家與家庭的制度。民主思潮推翻了許多原本的君主王朝，重新建制了以人民為主的國家制度。性別平等運動，則是延續著民主思潮，希望能真正落實在兩性關係的平等，包括受教育權、工作權、與一夫一妻制的婚姻關係……等。民主與平等是這一波家庭結構變革的核心，也是建立近代家庭的核心理念。之後，第二次世界大戰，雖然摧毀了無數的家庭，並造成許多家庭的離散。戰後，世界各國致力於國民教育與經濟建設，人們更重視家庭的功能，戰後嬰兒潮也形成戰後建立新家園的基礎。

回顧前文所提及的美國學期幼兒的啓蒙方案，就是發生在這個背景下，大量的移民人潮湧入，家庭的結構變得簡單，但是在社會經濟資源有限的情況下，加重了貧困家庭的產生，使得幼兒出生在社會資本與文化資本不利的環境下。於是，隨著各國戰

後經濟的復甦，開始重視家庭與人口教育的重要性，陸續的推動以家庭為核心的相關法規與政策，例如：弱勢家庭援助、少子女化、托育服務……等議題。

　　當我們以宏觀的視野瞭解了近代社會變遷對於家庭的影響，將焦點移回到當代的臺灣。一般而言，當代泛指著近半個世紀的時間。回顧臺灣在1970年代之後的發展，由於經濟的持續發展，人口逐漸的往都市集中，家庭在人口與結構上也產生了變化。這些社會經濟的改變無形中也牽引了宗教傳統、道德及家庭制度的改變，甚至影響個人之價值及生活型態的改變（郭靜晃、吳幸玲，2003）。國內社會學者楊文山（2009），從家庭人口數與結婚人數的改變來分析家庭的變遷。他提到在1982年，臺灣家庭人口平均數為4.58人，往後逐年下降至2000年的3.33人。已婚夫妻是否與父母同住，通常與太太的收入所得負相關；太太錢賺得越多，與公婆同住的機會就越小。他認為影響家庭組成的重要因素之一，就是一個社會結婚人數的多寡。在1960及1970年代，不論教育水準高低，平均結婚年齡都是20歲左右；但是到了1980及1990年代，受過高等教育的女性，結婚年齡足足增加了7歲，而且有更晚婚的趨勢；2000年過後，受過高等教育女性的未婚比例高於男性，女性的不婚、不育，也就是臺灣目前「少子化」問題相當嚴重的原因之一（楊文山，2009）。由於臺灣女性受高等教育的比率逐年提升，女性意識提高，女性在家庭與職業生涯間的選擇，即影響到臺灣的家庭結構與家人關係。也因應女性在家庭中角色的轉變，不再是單一的母親角色，家庭的型態也跟著呈現多元性。

　　然而，家庭的型態變成多元化，有傳統家庭、單親家庭、雙生涯家庭、收養家庭……等；甚至家庭的組成是可變的，其組成

更是動態而非靜態的，這些變化皆挑戰新的家庭價值及新的家庭角色（郭靜晃、吳幸玲，2003）。針對家庭形式的變遷，內政部社會司（2004）就曾在其「家庭政策」的報告書中，分析當代臺灣的家庭趨勢：1.隨著所得分配不均的擴大，失業與低所得階層家庭的經濟弱勢更加明顯；2.資訊科技的發展，改變了人際溝通關係與互動模式；3.跨國人口流動規模加大，外籍家庭看護人力的引進，以及跨國婚姻的比率升高，改變了傳統家庭的文化認知；3.新型住宅聚落的大量興建，傳統社區關係解組，新的社區關係形成；4.育齡婦女生育率下降，家庭人口組成規模縮小，人口快速老化，家庭照顧的對象由兒童轉變為老人；5.離婚率升高，單親家庭比率隨之提高，家庭結構日趨多元；6.婦女勞動參與率升高，兩性平等觀念逐漸取代男主外、女主內的父權體制；7.家庭暴力事件頻傳，婚姻與親子家庭關係不穩。

國外學者Trost（1990）就提到關於家庭發展的研究，「核心家庭」已非家庭定義的唯一代名詞，研究者應該要重視當代家庭的多元形式（alternative family types）與其意義。然而，多元具有非典型（alternative）的意涵，所以多元家庭也被稱為「非傳統家庭」或「非典型家庭」。這些新興的家庭有別於以往傳統的家庭型態，不能以異樣的觀點來評斷，應該尊重這些家庭型態是個人生活模式的自由選擇。而在臺灣，內政部社會司（2004）在其家庭政策中，即說明了多元家庭的內涵，須尊重不同性傾向、種族、婚姻關係、家庭規模、家庭結構等需求所構成的多元家庭型態。

由上述宏觀的近代觀點到聚焦於臺灣當代的微觀面向，可見社會變遷對於家庭結構與形式的影響。目前，臺灣當代常見的多元家庭類型，可參考行政院主計總處（2013）的「統計資料背

景說明」之部分定義，彙整說明如下：

一、以家庭成員的世代為區分

（一）擴展家庭：又稱為大家庭或聯合家庭，以家族親戚共同居住為主，成員包括了祖父母、父母、子女、其他親屬等。

（二）折衷家庭：又稱為主幹家庭或三代家庭，成員包括了祖父母、父母、子女等。

（三）核心家庭：又稱為小家庭，成員包括了父母、子女等。

二、以父母的婚姻關係為區分

（一）雙親家庭：父母親存在，並維持婚姻關係的家庭。

（二）單親家庭：父親或母親其中一人，以及子女所組成的家庭，不含其他親屬。單親可能因為父親或母親去世，或父母離婚、分居。

（三）繼親家庭：由原本的單親家庭，因為父母的再婚而形成的新家庭。

三、以家庭的經濟來源為區分

（一）單薪家庭：父親或母親一方工作賺錢，另一方則是家管。

（二）雙薪家庭：父母雙方皆工作賺取酬勞。

四、以特殊條件為區分

（一）新移民家庭：即父母之一方為外籍配偶者。

（二）特殊需求家庭：即有特殊教育需求子女之家庭。

（三）隔代教養家庭：指父母因工作、生病、死亡而無法長期直接照顧小孩，且小孩由祖父母、外祖父母養育的家庭。

貳、幼兒家庭親職教育方案的設計與評估

　　Harmin和Brim（1980）針對社會變遷與家庭結構的改變，他們提出了由父母親再教育的策略，傳統父母的思維與角色已經無法滿足現今家庭的需求。如何幫助幼兒父母再教育，親職教育（parent education）的理念是當代成人教育中重要的議題之一。親職教育意涵著父職教育（fatherhood education）與母職教育（motherhood education），是教導父母如何成功扮演父親與母親職責（position）的歷程（郭靜晃，2010）。親職教育配合家庭成員的需求，可以區分成不同的階段。對於，未生育子女的準父母，親職教育可以提供生育、育兒的相關知能，以作為規劃與預備；就已生養幼兒的家長而言，親職教育可以提供相關實務技巧與解決教養問題；針對育兒不利或濫用親權的父母，親職教育可以提供正確的指導，以改變幼兒與家長的關係。

　　因此，林家興（2007）將親職教育的內容分成三個部分，包括了初級預防（primary prevention）、次級預防（secondary prevention）及三級預防（tertiary prevention）。其中前兩項的親職教育在產生明顯的教養問題時，可提早發現與及早解決；相關的親職教育課程可以是彈性的，包括了講座、工作坊、團體方式、個別諮詢……等。但是，最後的三級預防則是針對嚴重教養問題的家庭所做的特別輔導，其課程形式比較傾向為個別指導或小團體互動等方式。

　　國內對於親職教育的規範，有明確的定義，依據《家庭教育法施行細則》，親職教育是指增進父母職能之教育活動。分析其相關條文的界定，親職教育是內含於家庭教育內，且親職教育的推動是難以片段實行的，應有家庭教育的其他項目進行整合，

以統整的方式來規劃，才能有效的達成改善家庭功能的目的。
茲將相關條文，說明於下文。首先，在2003年公布的《家庭教育法》第2條，即說明了家庭教育的定義與相關教育活動：「本法所稱家庭教育，係指具有增進家人關係與家庭功能之各種教育活動，其範圍如下：一、親職教育。二、子職教育。三、性別教育。四、婚姻教育。五、失親教育。六、倫理教育。七、多元文化教育。八、家庭資源與管理教育。九、其他家庭教育事項。」接著，在2004年的《家庭教育法施行細則》，第2條的九項事項進行定義：「一、親職教育：指增進父母職能之教育活動。二、子職教育：指增進子女本分之教育活動。三、性別教育：指增進性別知能之教育活動。四、婚姻教育：指增進夫妻關係之教育活動。五、失親教育：指增進因故未能接受父母一方或雙方教養之未成年子女家庭生活知能之教育活動。六、倫理教育：指增進家族成員相互尊重及關懷之教育活動。七、家庭資源與管理教育：指增進家庭各類資源運用及管理之教育活動。」再者，《家庭教育法施行細則》的第7條則說明了家庭教育的課程內容：「家庭教育課程得包括下列內容：一、婚姻意義、願景及承諾。二、解決婚姻及家庭問題之能力。三、經營婚姻及家庭生活相關資源之取得。四、孕婦及胎兒健康之維護。五、子女教養及家庭經營。六、其他家庭教育相關課程，包括情感教育、親密關係、家庭壓力處理等。」此外，家庭教育的推展機構為何？《家庭教育法》第8條規定：「推展家庭教育之機構、團體如下：一、家庭教育中心。二、各級社會教育機構。三、各級學校。四、各類型大眾傳播機構。五、其他與家庭教育有關之公私立機構或團體。」可知，幼兒園在國內並非列於各級學校中，而是歸類於第五項的其他公立機構或團體，但是仍有其職責與使命。即使沒有在《家庭

教育法施行細則》的第5條規範下：「高級中等以下學校依本法第十二條第一項規定，在正式課程外實施之家庭教育課程及活動，應依學生身心發展、家庭狀況、學校人力、物力，結合社區資源為之，並於學校行事曆載明。」幼兒園仍是家庭教育服務的第一線，並沒有輕忽。《家庭教育法》第4條至第7條，則明定中央政府與地方政府的權責，中央負責全國性的政策規劃，地方負責實際計畫的執行。其中第7條要求地方政府應設有「家庭教育中心」的專門單位。在2011年新修訂的《幼兒教育及照顧法》與2012年的《幼兒園教保活動課程暫行大綱》中，即以幼兒園為主動規劃者的立場，應與家庭、社區成為夥伴關係。幼兒園可以作為社區教保資源中心，發揮社區資源中心之功能，協助推展社區活動及社區親職教育。

關於親職教育的發展，由前文在相關學理與國際趨勢中，可以瞭解到其理念的萌芽久遠，但是具體的實作則是以美國1960年代開始辦理的「啟蒙方案」為重要案例。在「啟蒙方案」中，除了給予幼兒學習資源外，規劃親職教育活動以提升父母效能（Parent Effectiveness），及維持專業服務品質的提升教師效能（Teacher Effectiveness）計畫，這些整體的相關配套措施，也是影響方案成效的重要策略之一。美國的「啟蒙方案」迄今仍持續的推動，已有近半個世紀的歷史，分析其相關的實作經驗中，可以發現學前教育機構、家庭與社區的緊密結合，並以定期的考核，讓承辦的主管單位負起績效責任。然而，要如何確保這些產出與成效呢？「方案」（program）的需求背景、活動規劃、計畫執行與成效評核等，是承擔社會服務責任的可行方式之一

（Kettner, Moroney, & Martin, 2012）。依據上述國內對於親職教育的界定，與「啟蒙方案」的相關經驗，及國內外相關文獻，

本文嘗試將幼兒家庭之「親職教育方案」（parent education program）進行相關內容的定義與論述。

本文將「親職教育方案」定義為：「是以幼兒家長（或主要照顧者）為對象，瞭解他們的家庭教養需求，整合社區、家庭與教保機構（2歲以前為托育服務單位，2歲以後為幼兒園）之相關資源，規劃合適的親職教育活動，以提升家長的親職責任與知能，並由相關權責單位進行方案成效的檢討、修正與評核。」可知，幼兒家長是具有彈性的，因應目前多元家庭的結構與形式，家長不一定是幼兒的親生父母，有可能是單親撫養、隔代教養的祖父母、繼親家庭的繼父母……等，而且包括了主要的照顧者。首先，要瞭解不同的家庭結構與類型，可能會有其不同的親職教育需求；接著，以家庭需求為核心，整合社區、家庭與教保機構等多方資源，例如：醫療、教育、福利……等之相關資訊與服務措施；再來規劃適合這些家庭的親職教育活動，這些活動因應需求的差異，可以團體講座方式舉辦，也可以個別諮商的方式……等；最後，方案的承辦單位與主管機關均應負起績效責任，分別為方案的成效進行相關的反思與改善，包括內部與外部的檢討、修正與評核……等。

因此，「親職教育方案」的設計與評核包括了四個主要的流程步驟：1.瞭解幼兒家庭的親職需求；2.整合社區、家庭與教保機構之相關資源；3.規劃合適的親職教育活動；4.檢討、修正與評核方案之成效，如圖3所示。而這個流程是一個循環的歷程，其中第四項步驟的「檢討與修正」與「評核」是結合了形成性與總結性評鑑的功能，可以提供過程中的省思與調整，幫助方案的彈性與適切性。以下將以2歲以上入幼兒園家庭為例，列舉的學前教保機構亦將以幼兒園為例，進行說明。

87

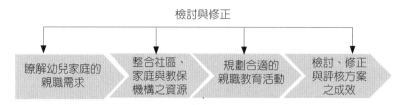

檢討與修正

| 瞭解幼兒家庭的親職需求 | 整合社區、家庭與教保機構之資源 | 規劃合適的親職教育活動 | 檢討、修正與評核方案之成效 |

圖3　幼兒家庭之親職教育方案的設計與評核

一、瞭解幼兒家庭的親職需求

在探詢幼兒家庭親職需求上，可以運用需求評估的工具與方法。然而，需求要如何進行評估呢？Mckillip（1987）、林家興（2007）建議需求評估的五個步驟與五個方法；在需求評估的步驟上，包括：1.確認需求評估的使用者與用途；2.描述所服務的對象及其服務環境；3.確認問題與解答；4.評估需求的優先順序；5.溝通評估的結果。在需求評估的方法上，包括：1.社區資源調查（resource inventory）；2.社會指標分析（social indicator analysis）；3.服務使用分析（service utilization analysis）；4.社區問卷調查（community surveys）；5.結構團體（structured groups）。此外，Kettner、Moroney與Martin（2012）則是提出了五種進行需求評量的方法：1.運用現有的資料進行外推法（extrapolations）；2.針對現有資源進行盤查法（resource inventories）；3.應用服務現況的統計資料；4.進行社會調查；5.舉辦公聽會蒐集相關資料。以上的方法，是針對一般教育服務或社會服務之需求。綜合分析，這些需求探詢的方式主要的區分在於資料的來源，包括了親自調查及由既有資料取得等之差異。但是，上述的需求評估方法並沒有特別針對幼兒家庭。

因此，本文將上述學者所提供的方法進行彙整分析，歸納出

三種探詢幼兒家庭親職需求的策略，即以資料的第一手性與多元性為區分，分成幼兒家庭需求直接探詢法、間接探詢法、多層次探詢法。然而，這些探詢需求的方式，並沒有絕對的優與劣，而是必須依據方案的背景與目的，選擇適合的探詢方式。

（一）直接探詢法

即方案的服務者，直接對於被服務的幼兒家庭進行其需求的調查。由於是直接調查，所取得的資料為第一手資料。直接需求的探詢方法，可以應用社會科學研究方法進行，包括了質性研究（Qualitative Research）與量化研究（Quantitative Research）方式；常見的質性研究，包括了訪談法（Interview Survey）、觀察法（Observational Survey）、敘說探究（Narrative Inquiry）、紮根理論（Grounded Theory）……等；常見的量化研究，包括了問卷調查（Questionnaire Survey）、實驗研究（Experiment）……等。無論是何種資料蒐集方法，必須重視質性研究的信實度（trustworthiness）與量化研究的信度（reliability）與效度（validity）。

然而，用在幼兒家庭親職需求的探詢時，應該先分析被服務家庭的特性與方案目的。如果方案目的是想要瞭解社區幼兒家庭的一般性親職需求，則建議選擇量化的問卷調查方式，取得直接普遍性的資料；若社區家庭人數眾多而無法全面普查時，則可以運用抽樣方式來作為推論。例如：Kettner、Moroney與Martin（2012）所建議的社會調查，及Mckillip（1987）、林家興（2007）建議的社區問卷調查等。相反地，如果方案主要是想要瞭解特定幼兒家庭之需求，則採取質性研究方式較為合適，例如運用家庭訪問的方式，藉由訪談與觀察等過程，瞭解其真正

的需求。例如：Kettner、Moroney與Martin（2012）所建議的公聽會蒐集，及Mckillip（1987）、林家興（2007）建議的結構團體等。可知，量化資料重視需求的現況或其預測與推論，質性資料則重視需求內容的深入性與完整性。

由於，幼兒家庭與一般學齡兒童家庭最大的差異，就是幼兒較難以完整的語言、文字、行為等能力來表達；在幼兒家庭的需求探詢上，主要是仰賴其家長的意見。因此，家長所給予的訊息的正確性與否，也會直接影響了需求探詢的品質。針對幼兒家庭親職需求的直接探詢法，不論取得的是質性資料或量化資料，親職方案的承辦者應該重視資料取得過程中的相對「倫理」（ethics），應以保護被服務者的權益與隱私為己任，避免有資源提供者的尊位或上位思維，才能將所得到的直接資料發揮其真正的功能與效益。

（二）間接探詢法

即方案的服務者，以非直接的間接方式取得被服務幼兒家庭的相關資料，再進行其需求的分析。由於是間接探詢，所分析的資料為第二手資料。間接需求的探詢方法，所依據的第一手資料，大多是來自一些大型的資料庫，例如：政府的相關政策報告、民間團體的調查與研究，或學術機關的相關研究數據……等。這些資料幫助方案服務者在探詢幼兒家庭親職需求時，可以藉由這些第一手資料作為背景資料，再進行第二層的需求分析。第二層的分析主要是借重相關文獻與數據的後設分析（meta analysis）。後設分析可以計算出每一研究結果的效果值，這些效果值是彼此分數差異情形的標準分數，可以相互比較，也可以累加平均，計算出來的平均效果值可以作為綜合解釋與推論的依

據，以提高結論的準確度。

　　除了，強調數據公式的後設分析外，簡易的資料比較與核對也是常見的間接探詢方式。例如：Kettner、Moroney與Martin（2012）所建議的外推法，及Mckillip（1987）、林家興（2007）的社會指標分析等，都是將原本的大型數據資料，套用在區域或部分的服務對象，進行其需求可能性的推估，即屬於間接資料的應用。

　　然而，在幼兒家庭的需求探詢中，間接探詢經常被使用的原因，主要是因為服務方案有時效性，承辦者通常會將時間著重在方案執行的部分，而在方案設計前的需求探詢部分，則常被轉化成背景分析或文獻探討。或者是，目前現有的相關資料、數據、實作經驗……等已經充足，方案承辦者在延續辦理相關的子計畫時，通常已經清楚其需求性，則會借重之前的理論論述。例如：近期新移民家庭的相關方案，可以由政府、民間與學術單位獲得豐富的資料；因此，會將這些資料進行間接性的分析，進而瞭解其親職需求的相關資訊。

（三）多層次探詢法

　　即方案的服務者，同時採用了多種的資料，進行幼兒家庭的需求評估。這些多元性的資料，可能是資料取得方法的多元，包括了間接資料、直接資料；也可能是資料分析方式的多元，包括了垂直性分析、平行性分析。垂直性分析方式，是指所取得之資料包括了前後兩次或以上的探詢，而且這些探詢的資料是可以前後比較的。例如：要瞭解社區身心障礙幼兒家庭的需求，我們可以由政府與學界的數據及研究發現，早期療育的診斷是普遍最被重視的，接著方案規劃者再由社區中選取個案家庭進行家庭訪

談，則可以得到更具有地方性的深入資料。

　　經由這樣兩階段的間接與直接性的資料探詢，方案規劃者可以據此瞭解一般性需求與地區性差異。相對地，平行性資料分析方式，是指所取得資料包括了同時間兩次或以上的探詢，而且這些探詢的資料是可以同時並排比較的。例如：要瞭解社區隔代教養家庭的親職需求時，以社區問卷調查的量化資料與個案訪談的質性資料，作為同時的比較資料，可以分析一般性資料與個案資料是否一致，並可瞭解需求評估時單憑一方資料可能造成的盲點。

二、整合社區、家庭與幼兒園之相關資源

　　在瞭解家庭的親職教育方案需求後，接著要進行的是整合社區、家庭與幼兒園的資源。首先我們要回顧一下，前文在學理上已經探究過Bronfenbrenner的人類發展生態系統理論，與資本論中所談到的經濟、健康、文化、社會等之資本。幼兒是位於所有生活環境中的核心者，而家庭則是幼兒與外界互動的第一個社會單位，家庭也是影響幼兒在各項資本條件良莠與否的關鍵。

　　這些資本，對於幼兒而言，是一種各項資源的匯聚，彼此可能是流通並形成交互作用的。對於2至6歲的幼兒而言，入幼兒園可以讓他們獲得家庭以外的資源，但是家庭決定了他們是否入幼兒園？及他們要入哪個幼兒園？家長可能會因為資訊的不清楚或是本身的不關注或是疏忽，而沒有讓幼兒能夠在合適的幼兒園中學習，以致於造成學習資源的不足與匱乏。

　　幼兒除了家庭與幼兒園外，在Bronfenbrenner的微觀系統中，社區即是幼兒另一個重要的生長環境，而且與家庭和幼兒園間會形成密切的互動與交流。幼兒可以透過家庭來探索社區的資

源，也可以藉由幼兒園來挖掘社區資源。可見，社區是除了家庭與幼兒園以外的重要學習情境。由前文對於社區的定義，我們可以知道社區包括了自然界的地理區域、政府的行政區域，及人們群居的文化區域。

可知，社區具備了豐富的資源。Gestwicki（2007）則指出社區具有教育資源，包括天然資源、人力資源，以及物質資源等三項：1.天然資源，是指腳程可以到達的範圍；例如，公園、寺廟、教堂、學校、商店、博物館、老人院、溪流、田野、樹林。2.人力資源，是指附近居民、鄰里鄰居等；他們具有自己的社會經濟能力、種族、文化等背景，也有他們不同的專業技能。3.物質資源，由上述的天然與人力資源所連結而成的物質資源；例如：社區有天然資源木頭、也有從事木工的人力資源，可以將兩者連結來製作木製的學習用具。

郭靜晃（2010）則將社區資源分成六類，包括了人力資源、物力資源、財力資源、組織資源、文獻古蹟資源、自然環境資源等。茲將六類資源說明如下：1.人力資源，是指有助於滿足社區需求與解決社區問題的個人；例如：社區內的專業人士、民意代表……等。2.物力資源，是指有助於滿足社區需求與解決社區問題的物質；例如：活動時所需要的工具、設備、場地……等。3.財力資源，指有助於滿足社區需求與解決社區問題的經費來源；例如：政府的補助款、企業團體的捐獻、公益團體的募款……等。4.組織資源，是指有助於滿足社區需求與解決社區問題的合作機構；例如：社區內的公司行號、學校……等。5.文獻古蹟資源，是指有助於滿足社區需求與解決社區問題的文獻古蹟資料；例如：社區先民的文物遺產、典籍、建築……等。6. 自然環境資源，是指有助於滿足社區需求與解決社區問題的自然景

觀與環境；例如：山川、河流、田野……等。

在此，彙整 Gestwicki（2007）與郭靜晃（2010）的分類與論點，並依據本文對於社區的定義，將幼兒在生活中的社區資源，重新分成三種類別，包括了地理資源、行政資源、人文資源，並加入幼兒園與家庭的互動情境，以說明之。

（一）地理資源

是指幼兒居住社區的地理環境，包括了社區內的自然界環境資源與建設性環境資源。自然界的環境資源，例如：溪流、田野、樹林、山川……等；建設性的環境資源，例如：道路、公園、寺廟、教堂、商店、夜市……等。這些地理性資源，是居住在此社區的幼兒所享有的自然界環境與人為的建設環境。這些地理性資源在透過家庭或幼兒園的帶領下，可以作為幼兒學習、休憩、遊戲與生活的情境與教材。依據國內 2011 年公布的《幼兒教育及照顧法》與 2012 年的《幼兒園教保活動課程暫行大綱》中，即規範了幼兒園應該主動的將社區資源融入課程中，其中社區的地理性資源即是一種生活中的教材，也是發展幼兒園學校本位課程的方向。隨著每個社區的差異，幼兒可以在日常的生活情境中學習，認識社區的各項地理資源。當幼兒有機會藉由家庭或是幼兒園的引導下參訪其他社區，也能學習並欣賞不同的地理環境。

（二）行政資源

是指幼兒居住社區的行政環境，包括了社區內的政府行政資源與民間行政資源。政府的行政資源，例如：村里辦公室、鄉鎮市公所、警察局、消防局、衛生所、家庭教育中心、公立學校、公立幼兒園、公立托嬰中心……等；民間的行政資源，例如：公

益團體、私立學校、私立幼兒園、私立托嬰中心、民間互助組織、社區聯誼會……等。這些行政性資源，是居住在此社區的幼兒所享有來自政府與民間的整體行政措施。這些行政資源可以透過家庭或幼兒園的帶領下，提供幼兒在醫療、托育、教育、保健、安全……等生活所需要的福利措施。例如：身心障礙幼兒可以在社區內由幼兒園教師與家長的合作，幫助幼兒至鄰近的早期療育機構進行診斷與療育。此外，幼兒園也可以在課程活動中安排社區內，行政資源的參訪或是其他協同活動，讓幼兒及其家長均可以瞭解社區內的行政資源。地方政府的家庭教育中心，也可以社區為單位，彙集社區內的幼兒園，舉辦親職教育宣導活動、父母成長團體、教保專業服務人員的親職服務進修……等。

（三）人文資源

是指幼兒居住社區的人文環境，包括了社區內的人力資源與文化資源等。社區的人力資源，例如：政府公務人員、民意代表、學校教師、幼兒園教保服務人員、醫院醫護人員、商店服務人員……等；社區的文化資源，例如：圖書館、博物館、風景區、古蹟、特色產業……等。這些人文資源，是居住在此社區的幼兒所享有來自社區的成員及其地方文化的特有資源。這些人文資源可以透過家庭或幼兒園的帶領下，來豐富幼兒在日常生活中的學習，並可以將社區成人的知識、經驗，及地方的風俗、文物、產業等傳承給幼兒。例如：位於陶瓷產業社區的幼兒園，可以邀請社區內的陶藝師傅，教導幼兒及家長學習製作當地的名勝產物，進而融入社區文化，認同自己所居住的社區環境。

三、規劃合適的親職教育活動

在瞭解幼兒家庭的親職需求，及整合社區、家庭與教保機構

相關資源後，第三個步驟就是規劃合適的親職教育活動。然而，何謂親職教育活動？首先我們應該要明白這些活動的核心是什麼？由於，近代將親職教育理念進行實作，來自歐美地區，我們可以從相關文獻中發現，「家長參與」（parent participation）是所有親職教育活動的關鍵樞紐，也就是當家長拒絕或迴避時，親職活動並無法開展（Becker, 1974; Little, 1974; Gordon, 1970）。此時，無論社區或幼兒園想要舉辦相關活動都只是單方的企劃，而沒有辦法落實。所以，當家長開啟了心理的意願，那麼才能引導他們走進並參與幼兒園或是社區的親職教育活動。

接著，要探討親職教育活動的內容與形式。從國外文獻中可以彙整出親職教育活動的幾個主要內容，包括了育兒知識（parental knowledge）、親子互動（parent-child interaction）、親師合作（parent-teacher collaboration）、父母效能（parent effectiveness）（Becker, 1974; Little, 1974; Gestwicki, 2007; Gordon, 1970; Peterson, 1987）。

分析國內對於親職教育活動的文獻，其相關的分類與陳述，則呈現出多元豐富的觀點。葛婷（1993），將親職教育活動依據幼兒園施行的時間與方式，分成了二期三層面。二期指的是開創期與成熟期，三層面指的是活動的方式，包括了親師溝通、家長參與、親職教育等。其中，具體的活動包括家長手冊、家長聯誼會、園所簡訊、教學觀摩、教室參與、個別諮商、團體諮商……等。

林家興（2007）是以家長的需求作區別，將親職教育活動的實施方式分成個案方式（case approach）、團體方式（group approach）與家訪方式（In-home approach）等三種。個案方式是指由親職服務人員對一個家庭父母（或主要照顧者）進行協助

與輔導，可以維護個案的隱私性或是解決其特殊需求；主要的進行方式，包括了個別指導、個別諮商、個案管理等。團體方式是指由親職服務人員面對一群家長進行團體性的輔導活動，可以節約時間與資源的經濟性；其舉辦的活動方式，包括了單次式、系列式及持續式等方式。家訪方式是指由親職服務人員親自前往其服務家庭，針對家庭的需求，提供面對面的服務；常見的家訪方式，包括了家訪指導、家訪諮商和家訪個案管理。

　　郭靜晃（2010）則是將親職教育活動的溝通面向，分成靜態式與動態式兩種。其靜態式是指由幼兒園單向提供訊息內容的溝通方式，例如：文字通訊、親子講座、布告欄、圖書借閱、家長手冊、聯絡簿……等之方式。動態式是指透過幼兒園與家長雙向的溝通方式，例如：家長訪問、家庭諮商、參與教學、親子活動、父母成長團體、家長參觀教學……等。

　　由上述親職教育活動的施行方式與內容，可以暸解到親職教育服務的視角是具有雙視線的，一條視線在幼兒園的主動規劃，另一條則在家庭的需求。Powell（1986）就曾依據親職教育活動的出發點，提出兩種模式的比較，其一是教學中心，其二是家庭中心。此外，回顧美國針對弱勢幼兒辦理的「啓蒙方案」，則是採用了多元式的親職活動方式，包括了社區式、機構式與家庭式等多種（Klass, 2003; Ramey & Ramey, 2004 ）。而國內則在社區性的親職教育活動上較爲缺乏，一般家庭多仰賴由幼兒園提供，而有特殊需求的幼兒家庭，則常見是由社工會同相關專業的服務者，提供家庭式的服務。直至，2003年《家庭教育法》施行後政府所推動的「家庭教育中心」，社區式的親職教育活動開始有了新的里程，但是由於並沒有特別的區分服務對象，大多是以國小兒童的課後托育、祖孫家庭、新住民家庭的議題爲規劃，

完全針對幼兒家庭的部分較為有限，這也是未來可以建議其補充的服務議題。

本文在此，彙整葛婷（1993）、林家興（2007）、郭靜晃（2010）與Gordon（1970）、Peterson（1987）、Gestwicki（2007）的論點，提出整合性的觀點，建議親職教育活動，無論是採用社區式、學校式或家庭式的規劃取向，均可以運用方案（program）的方式進行相關的活動設計。方案指的是有系統、有方向的將資源投入在被服務對象上。以Kettner、Moroney與Martin（2012）針對社會服務方案所提供的五個步驟，包括了輸入、過程、輸出、成果、效應。據此，建議幼兒親職教育活動方案的設計流程，可以為：1. 親職教育活動的輸入；2. 親職教育活動的過程；3. 親職教育活動的輸出；4. 親職教育活動的成果；5. 親職教育活動的效益。在親職教育活動方案的規劃上並沒有絕對的好與壞，重點在於是否合適？也就是同一個親職方案給予不同幼兒園家長或不同社區家長，效益不一定會一樣，唯有將合適的活動提供給需要的對象，才有機會產生較高的回應與效應。所以，親職教育活動是彈性的、變動的。

然而，上述的方案設計的五個流程即可提供給服務者一個思考的架構，我們所投入的資源所設計出的活動，是否是被服務者需要的，能否達成方案預設好的目標，能否有明確的成果及其後續的效益。

四、檢討、修正與評核方案之成效

本文以Kettner、Moroney與Martin（2012）針對社會服務方案所提出的「邏輯模式」（Logic model）架構，說明親職教育活動方案的相關歷程與檢討。邏輯模式產生的背景，主要是源

自美國政府要求社會服務方案必須承擔績效責任。所以，邏輯模式服務方案的基本理念，即是以事先安排好的一套活動，來達成一系列預設好的目的與目標。邏輯模式服務方案，包括了五個檢核要項與關係流程。

　　以邏輯模式來規劃親職教育活動的成效，重點就是看這五個歷程的投入、過程與產出，是否有達成方案的目標。因此，若幼兒家長的親職活動，即使投入很多資源，卻沒有達成預定的目的，則這些活動的合適性則必須被檢討改進，應該要瞭解是哪個環節出了問題，是需求評估的部分不夠正確？還是資源應用缺乏有效性？抑或活動規劃不夠適切？或是成效的評估方式有誤？這些都是方案服務者所必須正視的，方案的完成並非結束，而是後續成效的開始。唯有不斷的檢討、修正與評核，才能使親職教育活動方案更臻合適。

（一）親職教育活動的輸入

　　是指針對這項親職教育活動服務方案，所投入的各項經費與資源。例如方案是以幼兒受虐家庭親職教育為主題，其相關的輸入可能為專業服務人員、志工、被服務者、金錢、設備、時間、科技……等。

（二）親職教育活動的過程

　　是指針對這項親職教育活動服務方案，投入相關資源後所規劃的具體行動。例如以幼兒受虐家庭親職教育方案為例，其活動方式可能為針對施虐或疏忽的家長，進行強制性的親職教育訓練。

（三）親職教育活動的輸出

是指針對這項親職教育活動服務方案，測量其所提供並完成的服務。例如以幼兒受虐家庭親職教育方案為例，核算方案所提供的訓練時數、完成訓練課程的人數……等。

（四）親職教育活動的成果

是指針對這項親職教育活動服務方案，接受服務後所呈現出的益處。例如以幼兒受虐家庭親職教育方案為例，調查這些完成訓練且能確實改善親子互動關係的被服務者人數。

（五）親職教育活動的效益

是指針對這項親職教育活動服務方案，調查服務方案結束後所產生的後續改變。例如以幼兒受虐家庭親職教育方案為例，檢核社區中幼兒施虐或疏忽的通報案數是否減少。

參、核心家庭的親職需求與相關活動規劃

核心家庭是指由已婚夫婦和其子女，兩代所組成的家庭。核心家庭是國內家庭類型中的主要類型之一，它的特點是人數少、結構簡單，家庭內只有一個權力和活動中心，家庭成員間容易溝通、相處。根據國內行政院主計總處（2012）的「101年家庭收支調查報告」中，顯示家庭戶數為8,077,323戶，核心家庭為3,148,846戶，占家庭總體的39%，是家庭組織型態中最多者。可知，核心家庭是國內最主要的家庭型態。

核心家庭除了被撫養的子女之外，生活經濟的重擔則是背負在父母身上。因此，目前越來越多的核心家庭是由父母共同承擔家庭的收入，有雙份的薪資收入。核心家庭除了有雙薪的趨勢

外，還有夫妻共同教養幼兒所產生的角色職責等之相關問題。母親的角色不只是傳統家庭主婦的樣貌，生活的壓力也非只有是照顧子女，還增加了職場工作的挑戰；這樣雙倍的壓力，使得父親的角色功能受到了關注與重視。

依據Bronfenbrenner的人類發展生態系統理論，與經濟、社會、文化、健康等資本論，幼兒生長於核心家庭，在父母健在且同居的生活系統下，所擁有的各項資本質量，多數會比家庭成員與其功能不完整的幼兒較為充足。

然而，家中有幼兒的核心家庭，他們到底有哪些親職需求呢？如何提供相關的親職活動規劃？本文彙整相關文獻與研究發現，論述如下：

（一）核心家庭的親職需求

核心家庭的成員，包括了父母與其幼兒，是國內主要的家庭組成型態。當我們想要幫助這些幼兒父母，協助他們可以勝任家長的角色與職責時，首先須瞭解他們的親職需求，也就是瞭解他們可能需要的協助。本文採用「間接探詢法」來分析此類家庭需求，即以既有的相關文獻資料進行論述，彙整出核心家庭的三項主要親職需求，包括了減少親職壓力、尋求配偶支持、增進親職效能等。

1. 減少親職壓力

親職壓力（parenting stress），是父母在適應作為父母親角色、教養子女、親子互動、家庭分工、生活方式改變、外界環境影響……等方面所產生的壓力（翁毓秀，1999；許學政，2005）。在陳若琳和李青松（2001）的研究中，以雙薪家庭的幼兒父母為研究對象，發現他們的親職壓力，包括了幼兒教養、

外界環境、親子互動不良、生活調適、人際互動等五項因素，其中以幼兒教養壓力為最高。徐愛華（2006）的研究中，是以核心家庭中的新手父母為對象，他們的親職壓力來源以幼兒教養為最高，因此在家庭教育需求上也是以幼兒教養的知能為主。在沈秀治（2012）的研究中，則提出幼兒母親在「管教態度挫折」、「親子互動失調」、「社會孤離感受」、「親職能力限制」等層面的親職壓力，這些壓力除了影響親子關係，也會影響家庭的婚姻關係。可知，減低父母雙方的親職壓力，是一般幼兒家庭都想要改善的問題。

2. 尋求配偶支持

由於核心家庭與其他家庭最大的差異，就是家庭的完整性，所以家庭中父母彼此的關係，會直接影響他們的親子關係（Gable, Belsky, & Crnic, 1995; Konold & Abidin, 2001）。王叢桂（2000）針對雙薪家庭所做的研究指出，「育兒是母親的職責」與「女性較男性適合育兒的認知」觀念，會影響她們要求另一半參與育兒的意願。隨著社會的變遷，母親的自我意識提高，對於另一半親職參與的需求也跟著上升，父親不能只是扮演「玩伴」的角色，應該成為親職教養活動中的協助者與合作夥伴（劉惠琴，2000；Gable, Belsky, & Crnic, 1995）。周佳欣（2010）以大臺北地區學齡前幼兒的雙薪父母進行研究，發現母親在親子教養與勞務分工的參與程度皆高於父親，父母親的正向情緒對親職參與均有正向的預測力，當父母親的情緒越正向，則較能無怨無悔地付出，在親子教養與勞務分工也付出較多。可知，尋求配偶的支持對於改善親職關係的重要性。

3. 增進親職效能

親職效能是一種評估父母知能的方式，效能的高低也會影

響父母與子女的互動品質（Lamb & Tamis-LeMonda, 2004；McBride & Lutz, 2004）。親職效能並非只有外顯的能力，即父母親除了具備幼兒的教養知能外，還要有信任自己能勝任親職角色的能力，需包括內在自信的部分（Coleman & Karraker, 1998）。在劉百純與陳若琳（2010）的研究中編制了親職效能量表，其三個核心要項為：「親職角色評價」、「教養信心」及「教養能力」等部分。可見，幼兒家庭在增進親職效能上，需要有全面性的觀點，包括了父母對於教養上的定位、自信與能力等。

（二）相關活動規劃

由上述分析，父母是影響幼兒的核心家庭親職參與、壓力與效能的關鍵。可知，協助幼兒父母改善這些事項，可以解決他們在家庭教養上的問題，進而有助於滿足父母的親職需求。在瞭解家庭需求之後，應整合幼兒園、家庭與社區的相關資源，包括了地理、行政、人文資源等，再進行相關活動設計。以下針對四種活動規劃的主辦者立場進行論述，前三項為分屬的取向，第四項為本文所建議的方案取向。此外，建議無論是何種取向的親職活動設計，若在人力、物力與時間等條件許可下，除了本文已經彙整的間接資料外，可以運用「直接探詢法」或「多層次探詢法」進行家庭的親職需求評估，以瞭解各幼兒園、社區及其家庭更為詳細且深入的背景與需求。

1. 幼兒園取向

即親職活動的規劃是以幼兒園為主辦者，其主要的服務對象為核心家庭時，針對上述減少親職壓力、尋求配偶支持、增進親職效能等需求，可以規劃與這些需求議題有關的適宜活動，例

如：減少親職壓力議題可以舉辦親職講座，而尋求配偶支持；增進親職效能等議題除了講座外，還可以應用親職工作坊、家長成長團體……等之方式辦理，可以提高家長在理論與實務的應用能力。

2. 家庭取向

家庭取向是以家庭為中心，走入家庭瞭解其個別需求並提供服務。一般的核心家庭，若幼兒及家長本身沒有特殊的需求，例如早期療育、身心障礙、家庭暴力……等，或是針對上述親職壓力、配偶支持、親職效能……等之需求有嚴重的風險或功能危機，政府不會冒然的以個案方式介入幼兒家庭。家庭取向除了重視將服務直接投入給有需要的家庭，也強調服務輸送兩端的平等觀點，讓服務提供者能以對等的角度去尊重與反思被服務者的感受。

3. 社區取向

社區取向是以社區之鄰里為互助單位，或是以地方政府的家庭教育中心為統籌機關，在地方各社區辦理相關的親職活動。目前家庭教育中心多以行動計畫來進行活動的推展，也將部分的計畫委辦給各級學校或民間團體。針對上述親職壓力、配偶支持、親職效能……等之親職需求，家庭教育中心可以辦理的方式，部分與幼兒園相似，但是社區取向則可以擴大辦理的規模，增加被服務的家庭數。此外，政方政府也會提供社區取向的服務；例如：臺北市政府於2010年起的「育兒友善園計畫」，即是由政府獎勵幼兒園補充軟硬體的設備，開放部分時間提供社區育兒民眾入園使用，並舉辦社區親職活動……等。

4. 方案取向

方案取向是以整合性計畫為架構，需要有輸入、過程、輸

出、成果與效益等完整性的歷程，可以整合幼兒園、家庭與社區三種取向的資源，擴充更多的效益。以核心家庭親職需求為例，進行方案規劃。建議可以由地方政府教育局提供相關經費，配合《幼兒教育及照顧法》第14條的規定，以幼兒園作為社區的教保資源中心，規劃社區家長的親職教育活動方案；幼兒園必須能主動匯集相關資源，例如：社區鄰里辦公室協助宣傳、召集社區家長志工、培訓親職服務人員、邀請相關領域專家……等。方案取向的活動設計，重視活動的成長性與延續性，可以規劃系列型活動，例如：減低父母親職壓力講座的初階班、中階班、高階班；或是家長減壓工作坊、雙親合作工作坊、親職效能工作坊……等。親職方案與上述其他三種取向不同處，還包括成效評估的部分，方案重視投入資源與產生成效的核算，強調績效責任與反省及修正。

肆、單親與繼親家庭的親職需求與相關活動規劃

　　單親家庭，是指由離異、喪偶或未婚的單身父親或母親，及其子女所組成的家庭。單親家庭的特點是人數少、結構簡單，家庭內只有一個權力和活動中心。繼親家庭，是指夫婦雙方至少有一人已經歷過一次婚姻，並有一個或多個前次婚姻的子女及夫婦重組後的共同子女等所組成的家庭；因此，又稱為重組家庭，其特點是人數較多、結構複雜。繼親家庭的家庭關係比一般家庭複雜，因為沒有血緣關係，繼親家庭的親子關係也相較困難。造成單親與繼親家庭的原因，主要是受父母婚姻關係的影響，單親家庭是少了一位家長，而繼親家庭是增補了原本少的另一位新家長。

依據Bronfenbrenner的人類發展生態系統理論，與經濟、社會、文化、健康等資本論，幼兒生長於單親與繼親家庭，對於其所累積的社會資本會有影響，因為社會資本的源頭即是家庭成員間的互動關係，進而影響了幼兒在幼兒園與社區等微觀系統上的人際網絡。

然而，家中有幼兒的單親或繼親家庭，他們到底有哪些親職需求呢？如何提供相關的親職活動規劃？本文彙整相關文獻與研究發現，論述如下：

（一）單親與繼親家庭的親職需求

單親或繼親家庭，共同的問題都是父母關係的改變，造成了家庭成員的減少或增加。當我們想要幫助這些幼兒父母，協助他們可以勝任家長的角色與職責時，首先須瞭解他們的親職需求，也就是瞭解他們可能需要的協助。本文採用「間接探詢法」來分析此類家庭需求，即以既有的相關文獻資料進行論述，彙整出單親或繼親家庭的二項主要親職需求，包括了增進親子關係、促進家庭功能。

1. 增進親子關係

單親家庭由於家庭組織的缺位，常造成其子女的自我概念較低，對人缺乏信任感，性別角色未分化，有較高之焦慮、憂鬱、沮喪及恐懼情緒反應（張美麗，1992）。而繼親家庭，則是因為家庭組織的更新，子女在原本角色與地位上的變動後，如果缺乏親子關係的營造，常會引發負向的思維與情緒反應（何詠俞，1993；吳佳玲，1996）。在親子關係的研究中，並不是所有的單親或是繼親家庭都對於子女有不良的影響，家庭中的互動關係、相處模式與情感氛圍等才是影響的關鍵（楊妙芬，1995；

Berg & Kelly, 1979; Kagel, White, & Coyne, 1978）。可見，無論是單親或繼親家庭，改善親子關係是其重要的親職需求之一。

2. 促進家庭功能

家庭功能，是由家庭成員彼此承擔的角色職責所構成。單親家庭與繼親家庭的家庭功能上，可能產生缺位或是競位的延伸問題（Garfinkel & McLanahan, 1986; Olson, DeFrain, & Skogrand, 2008）。其中，當家庭成員產生變動時，家庭的內部功能，如角色職責、互動模式等因素；及家庭的外部功能，如經濟來源、社交關係等因素，都是影響家庭成員彼此關係的重要事項（郭靜晃、吳幸玲，2003；Kagel, White, & Coyne, 1978）。可知，協助單親家庭與繼親家庭提升家庭功能有助於解決其親職相關問題。

（二）相關活動規劃

由上述分析，單親或繼親家庭在增進親子關係與促進家庭功能等方面，是影響其親職關係的重要因素。可知，協助幼兒父母改善這些事項，可以解決他們在家庭教養上的問題，進而有助於滿足父母的親職需求。在瞭解家庭需求之後，應整合幼兒園、家庭與社區的相關資源，包括了地理、行政、人文資源等，再進行相關活動設計。以下針對四種活動規劃的主辦者立場進行論述，前三項為分屬的取向，第四項為本文所建議的方案取向。此外，建議無論是何種取向的親職活動設計，若在人力、物力與時間等條件許可下，除了本文已經彙整的間接資料外，可以運用「直接探詢法」或「多層次探詢法」進行家庭的親職需求評估，以瞭解各幼兒園、社區及其家庭更為詳細且深入的背景與需求。

1. 幼兒園取向

　　若以幼兒園爲親職教育活動的主辦者，則特別以單親或繼親家庭爲服務對象時，被服務的這些家庭容易產生有標籤效應，或是擔憂其隱私性，而拒絕了幼兒園的邀請。加上，幼兒園的規模屬於小型機構，且單親或繼親家庭數量並非多數，要完全針對這些家庭爲對象而舉辦活動，較難以推動。因此，提高家長的參與意願，是這類親職活動是否能夠進行的關鍵。建議，可以將活動分成「同質性」，即讓背景相似的家庭可以相互交流，例如：舉辦小型的家長團體、工作坊等；或是採取「融合式」，即不要區分家庭的類型，讓一般家庭與單親或繼親家庭參與一樣的團體活動，而在活動中強化這類家庭的親職需求與因應策略。至於，在相關親職教育活動的規劃上，可以著重增進親子關係、促進家庭功能等相關議題，讓單親與繼親家庭願意參與相關活動，進而協助他們解決親職問題。

　　2. 家庭取向

　　家庭取向，重視家庭的個殊性，是較爲適合單親或繼親家庭的可行方式之一。但是，並非所有的單親或繼親家庭都需要政府家庭介入式的服務。一般單親或繼親家庭的家庭服務取向，比較多是來自幼兒園的家庭訪問，有部分家庭則是因爲幼兒的特別需求，而有政府單位的社工、早期療育員或是其他與幼兒福利相關的專業人員等的介入。家庭取向的親職服務，採用了廣義的觀點，讓親職服務的對象由原本的幼兒，擴增到幼兒的家長及其家庭。

　　3. 社區取向

　　相較於幼兒園受到規模的限制，社區的範圍與資源均較爲充足，可以舉辦中、大型活動。社區取向多以社區鄰里互助單位，或是地方政府家庭教育中心爲主辦者，辦理地方區域性的相關親

職活動。針對上述增進親子關係、促進家庭功能等相關親職需求，除了上述幼兒園辦理的活動外，家庭教育中心還可以舉辦園遊會或博覽會的形式，例如：以遊戲闖關的方式增進親子的互動機會，以專家問診的方式回應提升家庭功能的問題……等。

4. 方案取向

方案取向，著重在整合幼兒園、家庭與社區等三種取向的資源。以單親或繼親家庭親職需求為例，進行方案規劃。建議可以依據《幼兒教育及照顧法》第34條的規定，成立幼兒園的家長組織，並可參加地方性的家長團體。因此，除了以幼兒園作為社區的教保資源中心外，規劃社區家長的親職教育活動方案，提升家長的意願與其成長，可以作為方案的目標與策略。方案取向的活動設計，重視活動的成長性與延續性，可以規劃整合型活動，例如：由幼兒園進行單親或繼親家庭的意願調查與溝通，如親師溝通、透過家庭訪問……等；再由社區舉辦聯合性的親職活動，例如：家長成長聯誼會、親子園遊會、家庭功能工作坊……等，再由地方政府社會局評估出高風險或弱勢家庭，進行家庭服務；如此，整合了三種取向的資源，以滿足這些家庭在增進親子關係、促進家庭功能等的親職需求，並以方案的管理方式進行品質管控與成效檢核。

伍、隔代教養家庭的親職需求與相關活動規劃

隔代教養，是指父母因工作、生病、死亡而無法長期直接照顧小孩，而將小孩由祖父母、外祖父母養育。隔代教養的主要問題，是因為祖父母的年齡、教育程度、經濟收入等與一般父母有落差，可能造成幼兒在成長時的相關問題。隨著社會的變遷及家

109

庭結構的改變，隔代教養成了另一種常見的家庭型態，有研究指出隔代教養的方式對幼兒帶來隱憂，如生活適應上、人際關係、學習表現等，因此隔代教養幼兒的相關議題也逐漸受到社會重視（李湘凌、高傳正，2006）。在原本應該由父母所提供的家庭功能不夠充足的當下，隔代教養家庭已經逐漸的增多。

依據Bronfenbrenner的人類發展生態系統理論，與經濟、社會、文化、健康等資本論，幼兒生長於隔代教養家庭，對於其所累積的社會資本與文化資本及經濟資本等會有影響，因為當祖父母為幼兒主要的啟蒙教育者時，他們所學習到的內容已經有隔代的時間落差，加上若祖父母缺乏經濟能力或醫療常識，則容易讓幼兒陷入經濟與健康資本不足的弱勢處境中。

然而，家中有幼兒的隔代教養家庭，他們到底有哪些親職需求呢？如何提供相關的親職活動規劃？本文彙整相關文獻與研究發現，論述如下：

（一）隔代教養家庭的親職需求

隔代教養家庭是國內需要被積極關注的家庭型態之一，根據教育部（2001）的定義，祖孫二代家庭式屬於弱勢家庭型態之一。事實上，擔負起照顧之責的祖父母亦會面臨多方面的衝擊，如心理壓力、經濟來源、身體健康及社會支持等問題（Kelly, Yorker, Whitely, & Sipe, 2001）。當我們想要幫助這些幼兒的祖父母，協助他們可以勝任教養者的角色與職責時，首先須瞭解他們的親職需求，也就是瞭解他們可能需要的協助。本文採用「間接探詢法」來分析此類家庭需求，即以既有的相關文獻資料進行論述，彙整出隔代教養家庭的二項主要親職需求，包括了提升教養知能與技巧、瞭解相關福利資源。

1. 提升教養知能與技巧

祖父母由於對於教育新知的能力有限，加上體力上的不足，對於幼兒的教養上會出現功能的不完整，與一般家庭的父母相較，部分由祖父母養育的幼兒，呈現較多的負面問題（李湘凌、高傳正，2006；林佩縜，2012；高儀玲，2009）。也有一些研究指出，祖父母經過親職教育後，會積極的參與孩子的學習過程，並保持親子間的正向關係，也更有信心能應用所學到的教養知能與技巧（Harbin & West, 1998; Smith, Dennison, & Vach-Hasse, 1998）。可知，提升教養知能與技巧，對於祖父母的需要性。

2. 瞭解相關福利資源

在傅秀媚、沈芳榕（2009）的研究中，針對隔代教養家庭的祖父母，進行親職需求調查，其中與孫子女直接相關的需求中，即包括了教養技巧、福利資源。尤其，祖父母對於社會制度與福利資訊的瞭解能力不及於年輕的父母，他們需要有專業的服務者能主動的關懷並給予實際的協助，包括瞭解家庭的背景，及可以申請福利措施等（郭靜晃，2010）。可知，除了育兒的相關知能與技巧外，相關的福利措施，也是他們重要的親職需求，不能被忽視。

（二）相關活動規劃

由上述分析，隔代教養家庭在提升教養知能與瞭解相關福利資源等方面，是其主要的親職需求。可知，協助幼兒祖父母改善這些事項，可以解決他們在家庭教養上的問題，進而有助於滿足其親職需求。在瞭解家庭需求之後，應整合幼兒園、家庭與社區的相關資源，包括了地理、行政、人文資源等，再進行相關活動

設計。以下針對四種活動規劃的主辦者立場進行論述，前三項為分屬的取向，第四項為本文所建議的方案取向。此外，建議無論是何種取向的親職活動設計，若在人力、物力與時間等條件許可下，除了本文已經彙整的間接資料外，可以運用「直接探詢法」或「多層次探詢法」進行家庭的親職需求評估，以瞭解各幼兒園、社區及其家庭更為詳細且深入的背景與需求。

1. 幼兒園取向

若以幼兒園為親職教育活動的主辦者，則特別以隔代教養家庭為服務對象時，需要注意祖父母的語言與文化背景；此外，亦需考量他們的健康與體能，在安排活動設計時也要考量場地的安全性與舒適性。家庭訪問是幼兒園投入隔代教養家庭的必要途徑，因為有了明確的接觸與溝通，有助於瞭解幼兒的生活背景，及以後的親師溝通。祖父母在參與活動時可能會因為本身語言表達上的不足，相較於大型座談或團體活動，他們比較適合人數較少的小型活動，可以有機會讓他們直接與服務者或是專家進行諮詢與互動。提供完整的訊息對於祖父母而言，面對面的溝通會比用邀請函聯繫有效。例如：以明確的言語向祖父母解說，這些活動是為了他們和幼兒而舉辦的，活動可以提供教養孫子女的技巧、可以幫助知道政府會提供哪些可能的福利措施……等；讓祖父母可以瞭解這些親職活動的意義與功能，進而提高他們參與及學習的意願。

2. 家庭取向

隔代教養家庭在教育部（2001）的定義，屬於弱勢家庭型態之一。家庭取向，重視家庭的個殊性，是較為適合單親或繼親家庭的可行方式之一。通常隔代教養若缺少了幼兒父母的收入，容易讓家庭的經濟收入陷入匱乏，而使得隔代教養家庭多了經濟

弱勢的困境。因此，透過幼兒園、村里長辦公室、社會局、民間慈善團體……等的協助，讓祖父母們獲得以家庭取向爲主的服務，增進他們對於孫子女的教養方式，並得到相關福利措施的補助。

3. 社區取向

社區取向多以社區鄰里互助單位，或是地方政府家庭教育中心爲主辦者，辦理地方區域性的相關親職活動。社區鄰里互助單位，可以協助隔代教養家庭申請地方政府的相關補助與協助。目前國內的各地方政府家庭教育中心，已經有特別針對祖父母進行的系列活動，尤其是在8月的祖父母節時，相關活動會比較集中規劃，如祖孫間隔代教養講座、祖孫嘉年華活動、傳家藝文展覽……等。然而，社區取向的親職服務比較傾向於情緒的調節，對於家庭所需資源的補充仍相當有限。

4. 方案取向

方案取向，著重在整合幼兒園、家庭與社區等三種取向的資源。以隔代教養家庭親職需求爲例，進行方案規劃。建議可以採用直接服務投遞的方案，依據祖父母所需要的主要親職需求，包括提升教養知能與技巧、瞭解相關福利資源等內容，進行方案的活動設計。由社區鄰里互助單位或幼兒園進行活動的聯繫，再由方案的親職服務人員進行家庭訪問，瞭解這些被服務家庭的現況與個殊性，視其需求，部分家庭可以提供到宅服務，將這些隔代教養家庭所需的服務直接投遞給他們，例如請專業服務人員到家中講解孫子女的教養技巧或其所需要的福利措施……等。最後，於方案結束後，並能持續的關懷與追蹤。

陸、特殊幼兒家庭的親職需求與相關活動規劃

特殊教育包括了身心障礙與資賦優異，本文所定義的特殊需求幼兒是指身心障礙的幼兒；據此，特殊幼兒家庭是指育有身心障礙幼兒的家庭。為落實學前特殊需求幼兒適性教育，各縣市設置巡迴輔導教師，輔導公、私立園所特殊需求幼兒，其輔導服務項目包括規劃辦理學前特殊需求幼兒鑑定及安置，安排相關專業團隊服務，提供家長、教師諮詢服務等（吳清基，2004）。目前特殊需求幼兒在幼兒園是採取融合教育的方式，也就是和一般的幼兒一起學習。

依據Bronfenbrenner的人類發展生態系統理論，與經濟、社會、文化、健康等資本論，身心障礙的幼兒，本身就欠缺足夠的健康資本；因此，政府應該主動的給予積極性的補充，讓他們在人生的起跑點能夠有機會站穩。

然而，特殊需求幼兒家庭，他們到底有哪些親職需求呢？如何提供相關的親職活動規劃？本文彙整相關文獻與研究發現，論述如下：

（一）特殊幼兒家庭的親職需求

特殊幼兒的特別性，即是其家長比一般幼兒家長更需要多付出心血的地方。一些相關研究顯示，育有特殊幼兒的家長，特別是有情緒行為困擾之幼兒，如過動兒母親，及自閉症幼兒家長，他們的心理適應或親職壓力高過一般幼兒家長（洪珮婷，2001；曹純瓊、章玉玲，2007；Abidin, 1995）。造成特殊需求幼兒家長壓力較高的原因，除了對於特殊教育知能的不足外，還有包括家長本身對於壓力排解的復原力，及社會大眾對於特殊幼兒的接納……等（任文香，1995；Stoyles, 2002），這些都是特

殊幼兒家庭主要的壓力來源與其相關的困擾。本文採用「間接探詢法」來分析此類家庭需求，即以既有的相關文獻資料進行論述；據此，彙整出家庭的二項主要親職需求，包括了強化親職復原力、增進早期療育知能。

1. 強化親職復原力

親職復原力（resilience），是指幼兒家長在面對壓力時所能因應的恢復能力。育有特殊需求幼兒的家庭，其父母所承擔的親職壓力比一般父母高，如何幫助他們建立親職復原力？在黃淑賢（2003）的研究中，以自閉兒母親的質性訪談中，整理出增進復原力的因素，包含：坦然接受、積極正向、自我激勵、冷靜理智、主動尋求資源、主動溝通、抗壓能力、堅持、感恩、同理、把握現在、社會支持與宗教信仰等十三個因素。在陳韻如（2003）的研究中，以聽障幼兒家長為訪談對象，將復原力分為個人正向的思考、家人的支持以及社區的支持等三個因素。然而，親職復原力並非可以一點就通或是一觸可幾，而是需要一段長時間的自我成長歷程，才能鍛鍊出這樣堅忍的能力（Turner, 2001; Walsh, 1998）。可見，親職復原力對於特殊需求幼兒家庭的重要性，可以讓父母有良好的心理資本，帶領他們的子女一起正向面對未來的挑戰。

2. 補充早期療育知能

對於育有特殊幼兒的家庭，具備早期療育知能，可以讓父母瞭解其幼兒的身心發展及其可能的成長任務與需求，尤其是能在幼兒的黃金期間內給予幼兒即時的協助（黃麗娥，1999；Stoyles, 2002）。透過親職教育活動，幼兒家長可以增進其對於特殊教育的瞭解與認識，進而增進父母的角色職責與親職成效，包括協助幼兒的發展、改善家庭環境、減低家長的壓力、增進

家庭幸福及身心健康，並增進家長間的雙向溝通等（Wolf, Noh, Fishman, & Speechley, 1989）。特殊需求幼兒家庭在初期面對這個新的挑戰和壓力時，需要社會、情緒及物質的資源來因應問題（Mitchell, 2007）；其中，增進家長對於其幼兒早期療育的專業知能，是一重要關鍵性需求之一。

（二）相關活動規劃

由上述分析，特殊幼兒家庭在強化親職復原力與補充早期療育知能等方面，是其主要的親職需求。可知，協助幼兒家庭改善這些事項，可以解決他們在家庭教養上的問題，進而有助於滿足其親職需求。在瞭解家庭需求之後，應整合幼兒園、家庭與社區的相關資源，包括了地理、行政、人文資源等，再進行相關活動設計。以下針對四種活動規劃的主辦者立場進行論述，前三項為分屬的取向，第四項為本文所建議的方案取向。此外，建議無論是何種取向的親職活動設計，若在人力、物力與時間等條件許可下，除了本文已經彙整的間接資料外，可以運用「直接探詢法」或「多層次探詢法」進行家庭的親職需求評估，以瞭解各幼兒園、社區及其家庭更為詳細且深入的背景與需求。

1. 幼兒園取向

若以幼兒園為親職教育活動的主辦者，應該採取融合教育方式，不需特別將特殊幼兒家庭個別顯示其獨特性，應該尊重與保護幼兒家庭的意願與隱私。因此，提高家長的參與意願，是這類親職活動是否能夠進行的關鍵。建議可以將活動分成「同質性」，即讓背景相似的家庭可以相互交流，例如：舉辦小型的家長團體、工作坊等；或是採取「融合式」，即不要區分家庭的類型，讓一般家庭與特殊需求家庭參與一樣的團體活動，而在活動

中強化這類家庭的親職需求與因應策略。至於，在相關親職教育活動的規劃上，可以著重強化親職復原力、增進早期療育知能等相關議題，也可以讓其他家長藉此活動瞭解特殊需求幼兒家庭，進而彼此交流與關懷，協助解決相關親職問題。

2. 家庭取向

是以特殊幼兒家庭成員為服務對象，包括幼兒的早期療育、照顧家長的親職教育等。目前國內的特殊需求幼兒服務，包括了原本的機構式服務，增加了到宅服務的部分。其中的到宅服務即是家庭取向的積極作為，希望將這些家庭所需要的服務直接投送到他們的家庭。這樣的理念在國外已經推動了將近三十年的時間，以美國的「啟蒙方案」為例，除了社區式的服務，也包括了部分家庭式的到宅服務，最主要就是可以減少等待家長到機構或學校求助，而主動的到幼兒家庭提供他們迫切需要的服務，例如早期療育家庭的教養技巧，或是給予家庭親職復原力的引導……等。

3. 社區取向

社區取向多以社區鄰里互助單位，或是地方政府家庭教育中心為主辦者，辦理地方區域性的相關親職活動。目前，國內針對特殊需求幼兒家庭，主要的社區取向服務，是由鄰近的相關機構與其專業人員，給予幼兒家庭近便性的服務。這些機構可能包括了醫院、幼兒園、社會局、家庭教育中心、早期療育機構……等；專業人員則有教師、醫護人員、社工、各類治療師……等。與一般幼兒家庭不同的是，特殊需求幼兒家庭所需要的親職需求服務，是更為專業的社區資源整合性服務。

國內在這個部分，由於發展的時間點較晚，雖然政府、民間與學界均積極的參與，但仍有許多可以再進步的空間，例如在社

117

區各相關機構資源的平行整合，與承辦機構及政府資源的垂直整合……等。

　　4. 方案取向

　　方案取向，著重在整合幼兒園、家庭與社區等三種取向的資源。以特殊需求幼兒家庭親職需求為例，進行方案規劃。建議可以採用「個別化教育方案」（Individualized Education Program，簡稱IEP）、「個別化家庭服務計畫」（Individualized Family Service Plan, IFSP）兩種結合式的方案設計，此兩種方案是源於美國在1975年、1986年通過的「殘障兒童法案」的相關政策法案。IEP為目前國內《特殊教育法》所規範，幼兒園的融合教育中，也包括了為特殊幼兒所擬定的個別化教學計畫，計畫背景為幼兒的學習情境。IFSP則是為執行特殊幼兒及其家庭的早期療育服務，而研擬的一份工作指導方案（何華國，2006）；計畫背景是以家庭生活為主要情境，著重服務者預備服務者的合作關係，並要求家長要參與計畫的擬定。據此，建議方案取向設計可以結合兩者，讓特殊幼兒可以得到全面性的協助，包括了協助特殊幼兒的發展、與強化家庭教養知能與技巧，整合其學習、療育、社區、家庭等生活情境中所需要的服務資源。透過「個別化家庭與教育服務計畫」這樣的機制，所有提供特殊幼兒專業服務者，例如：幼兒園教保人員、早期療育服務人員、特殊幼兒家庭的成員……等組成合作團隊，針對特殊幼兒家庭所主要的親職需求，例如強化親職復原力、增進早期療育知能……等，進行方案的規劃、執行與評核等之服務。

柒、新移民家庭的親職需求與相關活動規劃

新移民家庭，是指我國國民與外籍配偶跨國通婚所組成的家庭。我國的跨國婚配率從1998年的15.69%、2001年的27.10%，快速攀升到2003年的31.85%，不僅比率高，且增加速度亦十分快速，跨國婚姻組成的家庭所面臨的社會、文化適應問題，亟待協助（內政部社會司，2004）。以2013年2月行政院主計總處的調查資料顯示，每7.5對結婚夫妻就有1對是異國聯姻。其中配偶是大陸籍（含港澳）占65.1%，與東南亞籍結婚者占20.5%（行政院主計總處，2013）。跨國婚姻中的家庭子女教養，最大的問題來自於父母秉持著不同的文化認知教養子女，所造成的認同衝突（甘玉霜，2005）。國內新移民的配偶爲榮民、身心障礙者、原住民、低收入戶等弱勢族群的比例高於常態，所以新住民家庭更容易處於不利健康的環境，導致新住民子女容易出現生長發育障礙、遺傳性疾病、不良健康習慣與行爲等問題（林美惠、王奕貞、莊財福，2010；鄭雅雯，2000；鍾重發，2003）。

依據Bronfenbrenner的人類發展生態系統理論，與經濟、社會、文化、健康等資本論，幼兒生長於新移民家庭，對於其所累積的社會資本與文化資本等會有影響；若其外籍家長在語言文化有適應上的困難，也會產生社會關係網絡的侷限，而影響了幼兒的語言文化學習與其社會人際關係。

然而，新移民家庭，他們到底有哪些親職需求呢？我們可以針對這些家庭的需求，提供相關的親職活動規劃，以協助其幼兒身心發展與家庭成員的親職成長。本文彙整相關文獻與研究發現，論述如下：

（一）新移民家庭的親職需求

新移民家庭，對於文化與語言上的適應是其首要的問題，尤其是文字的理解部分，會造成這些配偶無法全面的參與其子女的學習（林振隆，2004；王惠琴，2009）。在甘玉霜（2005）以及陳里鳳（2005）的研究中，都舉出外籍母親對於自身親職角色具有高程度的知覺，普遍認為自己有學習親職教育內容的必要，其中以「教養子女的知識與技能」方面最受到新移民婦女的關注。在李明甄（2006）的研究中，調查了彰化縣幼兒園外籍配偶的家庭需求，發現在子女教養、職業訓練、生活適應、社區資源等四個層面都有高度需求；且外籍配偶在教育程度國小以下，或丈夫教育程度國中以下、年齡較大、無工作或自由業⋯⋯等之因素，會使得他們在各項家庭需求呈現出高度的情形。此外，在薛百靈（2007）的研究中，顯示出東南亞籍外籍媽媽的教育程度偏低、中文能力偏弱，需要獲得親職教養、中文能力、親師溝通、社區資源等協助。可知。新移民家庭除了與一般幼兒家庭一樣，均有對於幼兒教養知能的親職需求外，新移民家庭對於本地語言文化、社區資源及親師溝通等部分，則有其特別的需求；然而，中文語言能力則是影響其親職教育知能、親師溝通與瞭解社區資源及福利服務的重要媒介。本文採用「間接探詢法」來分析此類家庭需求，即以既有的相關文獻資料進行論述，彙整出二項主要內容：增進語言文化的適應與溝通能力、瞭解社區資源網絡與福利服務。

1. 增進語言文化的適應與溝通能力

母親是語言的啟蒙者，但是新移民家庭的大多數媽媽卻有著語言文化的困難，尤其是看不懂中文的外籍媽媽們，除了學習文化習俗外，文字與語言是她們和幼兒、家人，及相關的幼兒教

師、社工、醫護人員……等之溝通屏障。在張秋芬（1995）的研究中，發現新移民媽媽的語言能力與自我價值感及家人關係是具有相關性的；如果媽媽的語言能力差，則在對於自我價值認同、家人關係等也會呈現較差的現象。然而，語言溝通能力也會影響新移民婦女的生活適應能力，尤其是對於擔任媽媽角色上的挫折感，而產生教養子女上的困難（熊辛蘭，2006）。文化的適應與語言的溝通，除了影響新移民家庭的親子互動、家人關係外，也會影響家庭與學校教師的親師溝通（林振隆，2004；王惠琴，2009）。可知，新移民家庭對於增進語言文化的適應與溝通能力的需求。

2. 瞭解社區資源網絡與福利服務

由於語文上瓶頸，會使新移民家庭在社區資源網絡上處於被動的位置，他們也不清楚與自身權益相關的福利措施有哪些？在張秋芬（1995）的研究中，發現部分新移民媽媽在社區裡感覺受到族群歧視及汙名化，甚至擔憂孩子會因為家庭的身分而受到排斥。國內其他相關的研究，也顯示了新移民母親同時有語文困難、生活適應及對於社區資源的親職需求，並期待能瞭解相關的福利措施，讓他們可以陪著孩子一起成長（李明甄，2006；薛百靈，2007）。瞭解社區資源，可以讓新移民家庭開啟除了家庭以外的社會網路，例如：認識社會局的服務人員，進而可以讓他們更清楚政府相關的福利措施，得到即時的協助或應有的補助。可知，瞭解社區資源網絡與福利服務需求的重要性。

（二）相關活動規劃

由上述分析，新移民家庭在增進語言文化的適應與溝通能力、瞭解社區資源網絡與福利服務等方面，是其主要的親職需

求。可知，協助幼兒家庭改善這些事項，可以解決他們在家庭教養上的問題，進而有助於滿足其親職需求。在瞭解家庭需求之後，應整合幼兒園、家庭與社區的相關資源，包括了地理、行政、人文資源等，再進行相關活動設計。以下針對四種活動規劃的主辦者立場進行論述，前三項為分屬的取向，第四項為本文所建議的方案取向。此外，建議無論是何種取向的親職活動設計，若在人力、物力與時間等條件許可下，除了本文已經彙整的間接資料外，可以運用「直接探詢法」或「多層次探詢法」進行家庭的親職需求評估，以瞭解各幼兒園、社區及其家庭更為詳細且深入的背景與需求。

1. 幼兒園取向

若以幼兒園為親職教育活動的主辦者，則應該先瞭解新移民家庭占園內家庭的比例。如果比例較高的園所，可以將新移民的親職教育活動作為定期且必要性的規劃。比例較少的園所，可以在一般性親職教育活動中加上部分相關的需求議題。建議無論幼兒園是否有新移民家庭，多元文化的課程內容或是多元文化的親職教育等內容，都應該是一般園所需要加以規劃的。因為，幼兒所生活的社會情境中，新移民家庭已經是我們目前的家庭類型之一。對於，園所內有新移民家庭的幼兒園，除了協助這些家庭提升親職教養上的知能外，協助辦理增進語言文化的適應與溝通能力、瞭解社區資源網絡與福利服務等議題的親職活動，有助於家庭與幼兒園之間的親師溝通與合作。

2. 家庭取向

教育部（2001）在「教育改革之檢討與改進會議」報告書草案的「改善弱勢者教育」議題，指出弱勢家庭包括了經濟能力、家庭型態、社會適應等三方面；經濟能力弱勢，例如：中低

收入戶、失業家庭；家庭型態弱勢，如單親家庭、祖孫二代家庭、暴力家庭、父母雙亡者、流動家庭、遊民；社會適應弱勢，例如：移民家庭、少數民族、外籍父母等。其中新移民家庭就具有弱勢家庭的定義，因此政府依據其家庭形式，會給予社會福利的補助。以內政部於2005年起的「弱勢家庭啓蒙教育計畫」爲例，部分地方政府所規劃的內容，就有採用家庭取向的服務方式。其中，到宅陪讀服務，即是瞭解新移民母親在幼兒語言學習時的重要性；因此，規劃了由教保服務人員到新移民家庭中，協助家庭進行親子閱讀，同時增進母親與幼兒的語言及閱讀能力。

3. 社區取向

社區取向多以社區鄰里互助單位，或是地方政府家庭教育中心爲主辦者，辦理地方區域性的相關親職活動。目前，國內針對新移民家庭，各地的家庭教育中心均有辦理相關的親職活動，例如：多元文化週、親子閱讀……等。其中，部分政府也規劃了社區學習教室，由社區內的小學提供場地與師資，教導新移民配偶本地的語言、文字與民情文化等，以滿足這些家庭的學習需求。此外，社區內的村里辦公室等，也會根據新移民家庭的背景需求，提供相關的社會福利申請資訊，協助這些家庭獲得相關資源與補助。

4. 方案取向

方案取向，著重在整合幼兒園、家庭與社區等三種取向的資源。以新移民家庭親職需求爲例，進行方案規劃。建議可以採用提升整合型方案，方案包括了幼兒、新移民父母、幼兒園教保員等三部分，針對三者進行整合型的規劃，不再是單一的活動計畫。方案的服務對象是以幼兒爲核心，併入其幼兒家長與其相關教保員。例如：以協助東南亞籍新移民媽媽與幼兒爲例，方案目

123

的為促進幼兒的語言學習，其中即有針對三者的方案活動，在幼兒部分規劃有「優化幼兒園學習情境」、「優化家庭學習情境」；在新移民家長的部分規劃有「媽媽開口說社區教室」；在幼兒園教保員部分規劃有「語言不利幼兒的教學策略」……等。在整合型方案下，所有的計畫內容與成效是結合在一起的，並非單獨看哪一項成果。因此，方案的參與單位會以平行合作的方式相互支援，而計畫的支助者與承辦者也應該採用垂直性的合作方式，將相關資源進行盤整與協調，以免部分資源的重疊或耗損。最後，整合型方案的評估，則是著重檢討與修正及其後續成效的影響。

實務篇

「幼兒園與社區有著緊密的地緣與人文關係，在與社區進行連結時，應該要考量社區的需求與條件，同時激勵家長與社區居民，參與服務並持續推廣，適時評估調整，如此才能真正連結。～郭靜晃（2010）」

第四章　幼兒園、家庭與社區合作之實作模式一
　　壹、實作模式：幼兒園、家庭與社區資源投遞模式
　　貳、實作案例：家庭服務取向親職方案

第五章　幼兒園、家庭與社區合作之實作模式二
　　壹、實作模式：幼兒園、家庭與社區資源匯聚模式
　　貳、實作案例：幼兒園學校本位課程領導

第六章　幼兒園、家庭與社區之溝通、賦權與合作
　　壹、幼兒園、家庭與社區相關理論與實務之結論
　　貳、幼兒園、家庭與社區相關理論與實務之建議

　　在實務篇的部分，本文希望能夠提供幼兒園家庭與社區更為具體的實作模式，以促進相關實務者瞭解如何將三者進行資源的整合與應用。由前文的解說，我們可以瞭解三者互為夥伴關係，且彼此是構成幼兒生活中最基礎的社會情境，也是如同Bronfenbrenner在人類發展生態系統理論裡所提到的微觀系統。幼兒在微觀系統中，獲得並逐步的累積他們的各項資本，包括了經濟資本、社會資本、文化資本、健康資本……等。其中，經濟資本與健康資本受到家庭資產與父母遺傳等先天性的弱勢侷限，必須仰賴政府與社會制度等大環境系統的支持與補救；然而，社會資本與文化資本雖然仍是主要由家庭所提供，但是幼兒所成長的幼兒園與社區等微觀的基礎系統，亦應該積極且主動的為幼兒提供更為適切的各項整合性資源，以幫助所有的幼兒適性發展。

　　從國內近期的相關法規政策中，可以探知三者的角色與職責。在2011年公布的《幼兒教育及照顧法》、2012年的《幼兒園教保活動課程暫行大綱》，及2012年的《社區互助式教保服務實施辦法》的相關法規與政策中，即可以瞭解到政府及民間對於學前教保服務的重視。其中，政府必須肩負起相關制度規範與管理的主要職責，包括社區資源的整合，例如成立家庭教育中心、相關委員會、及推展相關實務計畫……等；尤其，針對社經不力與身心弱勢的幼兒需要，應該採取積極性關懷之行政措施。而，幼兒園則應該與家庭、社區三者間建立夥伴關係，且必須扮演主動的角色。例如：將生活中的社會文化轉化為教保活動課程，邀請家長參與課程及教學，成為社區的參與者與共構者，開放幼兒園以增進社區成員瞭解與接納，作為社區的資源整合中心。

　　由上述的國內趨勢發展，可知幼兒園在家庭與社區的資源

整合上，被賦予高度的期待。在2012年公布的《幼兒園評鑑辦法》，其第4條：「專業認證評鑑：針對園務領導、資源管理、教保活動課程、評量與輔導、安全與健康、家庭與社區等類別中，與幼兒園教保專業品質有關之項目進行評鑑。」即具體的指出，「家庭與社區」是其評鑑檢核要項之一。可知，社區的家庭親職服務，幼兒園是責無旁貸，負有重責與使命。據此，本文所提出的兩項實作模式，均是以幼兒園為整合家庭與社區的媒介與橋梁。在此，依據資源的整合方式，分成資源投遞模式、資源匯聚模式。

 第四章 幼兒園、家庭與社區合作之
實作模式一

　　本節的內容包括了兩個部分：首先，論述幼兒園、家庭與社區的實作模式；其次，介紹相關的實作案例：社區家庭親職服務方案。

壹、實作模式：幼兒園、家庭與社區資源投遞模式

　　本文所提出之幼兒園、家庭與社區之資源投遞模式，是指幼兒園將三者之相關資源，投遞給所需要的家庭。然而，在資源有限的情況下，哪些家庭才是需要幼兒園直接投遞資源的呢？由前文可以瞭解，嚴重健康資本匱乏的家庭與幼兒，例如中重度身心障礙幼兒，其所需要的社會福利與早期療育服務，已有政府衛生福利相關部門及地方主管當局等進行專責管理；幼兒園在此，可以作為從旁的協助者，提供這些幼兒適合的教育資源。針對經濟資本、社會資本與文化資本不足的弱勢幼兒，則幼兒園可以擔任相關資源的主要投遞者。依據《幼兒教育及照顧法》、《幼兒園教保活動課程暫行大綱》、《社區互助式教保服務實施辦法》、《幼兒園評鑑辦法》等的規範，幼兒園具有社區資源中心的職責，應該主動積極的參與幼兒家庭的親職需求服務。

　　本文在幼兒園、家庭與社區的資源投遞模式，是以「方案取向」為規劃架構。據此，在方案設計上，是以Kettner、Moroney與Martin（2012）針對社會服務方案所提出的「邏輯模式」（Logic model）架構，融合了「家庭取向」的服務理念，兼採「幼兒園取向」與「社區取向」之活動措施，以進行親職教育方案的規劃。邏輯模式服務方案的基本理念，即是以事先安排好的一套活動，來達成一系列預設好的目的與目標。而家庭取向服務，則是學習美國個別化家庭服務導向的理念，尊重幼兒及其

家庭的獨特性，除了團體式的座談或研習外，還有個別諮詢、指導及到宅訪視……等。

貳、實作案例：家庭服務取向親職方案

本文所提供之案例，為作者依據以往參與政府相關方案的經驗，撰寫一份模擬方案以提供實務者之參酌。方案之相關經費支助來源，為政府於2005年起所推動的「弱勢家庭啟蒙教育計畫」。本文案例所擬定之承辦單位為地方○○國民小學附設幼兒園，服務的社區為學校所在地的○○鄉及其鄰近地區，擬定之服務對象為新移民家庭幼兒及其父母。

由於，新移民家庭中常見有文化資本、社會資本等的缺口，造成其外籍配偶在照顧其幼兒子女時，會有語言文化不利、社交人際不利的困境。部分外籍配偶因為語言的障礙，沒有辦法清楚的教導幼兒，甚至是不能完整的與家人溝通，造成其親子互動與家庭功能的不彰，除了容易造成誤解，也會影響其與社區關係。因此，本文所模擬之方案，是由當地主管當局進行相關親職需求評估後的委辦案件；依據其親職需求，方案的規劃包括了針對幼兒的「到宅教保服務」、針對父母的「親職教育講座」與「中文學習班」、針對教保服務人員的「啟蒙輔導員培訓」等一系列的活動設計。動員的人力包括了○○國民小學附設幼兒園之教保服務人員、○○國民小學之國語文教學專長教師、鄰近地區之公私立幼兒園教保服務人員、鄰近地區之親職教育與多元文化之學者專家……等。茲羅列本文擬寫之方案，說明如下。

方案主題：社區家庭親職服務方案──新移民家庭幼兒學前啓蒙

一、方案背景

　　本幼兒園位於○○縣○○鄉，爲○○國民小學之附設幼兒園，爲落實幼兒園、家庭與社區資源整合與專業服務之功能與職責；於○○縣社會局與教育局的指導下提出本方案，期待能提供鄰近社區之學前教育啓蒙服務，並藉由專責輔導員培訓、親職教育座談、中文認讀班、到宅輔導等方式，協助新移民家庭幼兒之身心發展、提供教保知能與親職教育，以營造正向親子互動及家庭功能，俾利於受輔個案家庭與社會發展。

二、方案目的

　　本方案執行內容之主要規劃目的，如下：

（一）培育啓蒙輔導員，投遞教保服務

　　培育鄰近地區公私立幼兒園之教保服務人員爲專責輔導員，或是對於此項服務方案有相關基礎背景者，以服務鄰近地區有需求之新移民個案家庭。

（二）開辦親職教育座談、中文認讀班，提升親子關係與教養知能

　　安排受輔家庭之外籍配偶參加中文認讀班，提升其對於本地語文與風土民情的基礎知能；規劃受輔家庭父母及其照顧者之親職教育座談，並協助其對多元文化的尊重與欣賞，並能因應幼兒的身心發展需求，以提供有利發展的學習環境，降低與一般幼兒之落差。

（三）提供個案家庭到宅輔導、教保諮詢與協助

以啓蒙輔導員到宅服務等方式，提供受輔幼兒及照顧者之學前啓蒙服務；透過聽故事、說故事、讀故事及閱讀相關活動與遊戲等方式，增加親子互動與兒童語言發展等之機會與興趣；另，安排幼兒衛生保健之諮詢與指導服務，以引導照顧者對於個案幼兒啓蒙教育的認識與重視。並提供受輔家庭照護訓練，學習正確的育兒觀念和技巧，協助幼兒身心發展。

三、主辦單位

（一）指導單位：○○縣政府社會局、教育局

（二）承辦單位：○○縣○○國民小學暨附設幼兒園

（三）協辦單位：○○鄉公所

四、執行區程

（一）執行地區

○○縣○○鄉及其鄰近地區

（二）執行時程

本方案之詳細規劃與執行流程，列於下表：

工作項目 ＼ 月分	1月	2月	3月	4月	5月	6月	7月	8月	9月	10月	11月	12月
計畫籌備	◎	◎										
蒐集目標人口資料	◎	◎										
服務宣導活動	◎	◎	◎	◎	◎	◎	◎	◎	◎	◎	◎	◎
啓蒙輔導員培訓——職前訓練、在職訓練、督導檢核			◎	◎	◎	◎	◎	◎	◎	◎	◎	◎
個案到宅服務——語言閱讀、育兒保健……				◎	◎	◎	◎	◎	◎	◎	◎	◎
親職教育座談、中文認讀班——親子關係、教養文化差異……				◎	◎	◎	◎	◎	◎	◎	◎	◎
計畫檢討與成果報告						◎						◎

五、方案活動

　　指導新移民家庭進行規劃整體推動模式，協助幼兒之語言發展，並提供受輔家庭之語言教育經驗、育兒教保知能、親職教育服務……等之系列活動規劃，希望能建構社區支持體系，以協助受輔幼兒與其家庭，辦理項目如下：

（一）「啟蒙輔導員培訓」方案

1. 辦理時間：預計○○年1-12月辦理。

2. 參與人數

預計招募20-30名具備幼兒教保基礎知能人員進行訓練，並成功培訓10-15位受過訓練之輔導員進行啟蒙到府服務，每位輔導員預計專責服務1-2名幼兒。

3. 培訓課程時數：預計36小時。

4. 活動地點：○○縣○○國民小學暨附設幼兒園。

5. 培訓課程設計

　　(1) 輔導員職前教育

　　(2) 輔導員在職教育

　　(3) 輔導員督導檢核

（二）「親職教育座談」方案

邀請學者專家針對新移民家庭親職教育議題進行座談，參與對象包括啟蒙輔導員及受輔個案家庭成員，並開放部分名額予鄰近地區有教養知能需求或興趣之民眾。

1. 辦理時間：○○年4-12月，辦理6場。

2. 辦理地點：○○縣○○國民小學暨附設幼兒園。

3. 服務人數：每場次預計服務30人次。

4. 座談議題

　(1) 親職教育的重要性

　(2) 多元文化與親子關係

　(3) 家庭支持系統

　(4) 兒童福利相關資源

　(5) 高功能的親子活動

　(6) 愛、尊重與成長

（三）「中文認讀班」方案

　　聘請○○國小具備國語文教學專長之教師數人擔任，參與對象為受輔導個案家庭之外籍配偶，並開放部分名額予鄰近地區有中文學習需求與興趣之民眾。

1. 辦理時間：○○年4-12月，辦理36場。

2. 辦理地點：○○縣○○國民小學暨附設幼兒園。

3. 服務人數：每場次預計服務30人次。

4. 課程議題

　(1) 臺灣的語文種類與形式

　(2) 認識國語

　(3) 認識國字

　(4) 國語練習

　(5) 國字認讀

　(6) 繪本練習

（四）「個案到宅服務」方案

　　安排受輔家庭進行健康照護、語言閱讀、遊戲應用等活動，藉此提供個別諮詢與指導，協助其瞭解正確教養知能，以強化親子共同學習與溝通互動。

1. 辦理時間：○○年4-12月，以每月每案服務2次為原則。

2. 辦理地點：受輔個案之幼兒家庭。

3. 服務人數：預計服務8-10名個案幼兒及8-10名主要照顧者，共計16-20名。

4. 活動內容

　(1) 健康照護

　　兒童發展評估、營養與膳食、情緒管理……等之知能解說。

　(2) 語言閱讀

　　語言表達技巧、詞彙造句應用、繪本共讀……等之活動安排。

　(3) 遊戲應用

　　專注力訓練、粗細動作整合、兒童行為觀察……等之策略引導。

六、績效評估

　針對上述三項活動計畫方案，進行量化與質化之績效評估說明。

（一）「啟蒙輔導員培訓」方案

1. 量化指標

共36小時職前訓練研習課程，約30人以內參與。

2. 質化指標

利用問卷進行認知前、後測，瞭解參與者是否獲得工作技巧，以及是否適合擔任閱讀導引員。

（二）「個案到宅服務」方案

1. 量化指標

透過個案清冊、服務紀錄和時間數等，呈現到宅健康照護、語言閱讀、遊戲應用等之導引次數與平均時間分配。

2. 質化指標

於輔導員實際從事到宅閱讀導引工作之後，將導引過程狀況寫於個案紀錄表，及針對其內容與建議事項等進行討論。

（三）「親職教育座談」、「中文認讀班」方案

1. 量化指標

透過不同議題的親職教育課程座談與中文認讀班，編製課程成效之滿意度問卷調查表，於活動結束後彙整其意見建議，以瞭解講座課程知能與相關研習者的需求等之適切情形，以作為後續計畫之檢討與改善。

2. 質化指標

於親職教育座談、中文認讀班等課程結束後，針對教授者、學習者進行雙向訪談，以彙整該方案活動之深入想法與衍生議題，作為未來講座議題的修正與因應。

七、檢討與修正

由承辦單位，進行方案的內部管控規劃，以進行相關內容的檢討與修正。

（一）專業人力檢核

需具有社工、幼保或教育等專業背景之人力，投入本方案之相關服務，並配置方案督導，於期初與期末檢附團隊人員名冊，提供主管機關備查。

（二）規劃督導制度

規劃方案之督導制度，包括督導的內容、範圍、時間、工具、紀錄、成果……等，以協助方案執行過程中的相關檢討與修正。

（三）目標績效管理

設定方案之績效考核標準，每個月必須提供服務報表，說明服務現況，以瞭解是否有達到預設目標；若沒有達成，需說明調整方式。

八、預期效益

1. 量的效益

(1) 預計受訓20-30名具備兒童教保基礎知能的人員，並成功培訓10-15位受過訓練之輔導員，進行啓蒙到府服務。

(2) 服務○○鄉鄰近地區之新移民家庭，預計10戶個案，包括幼兒及其主要照顧者，約20人。

(3) 舉辦新移民家庭之親職教育座談與中文認讀，預估參與學習人次每場30人。

2. 質的效益

(1) 增進新移民家庭幼兒在學前階段的知能、品格與社會性發展。

(2) 提升新移民家庭主要照顧者的親職教養功能。

(3) 培訓具備新移民家庭幼兒學前啓蒙基礎實務知能之輔導人員。

 第五章 幼兒園、家庭與社區合作之
實作模式二

　　本節的內容包括了兩個部分：首先，論述幼兒園、家庭與社區的實作模式；其次，介紹相關的實作案例：幼兒園學校本位課程領導。

壹、實作模式：幼兒園、家庭與社區資源匯聚模式

　　本文所提出之幼兒園、家庭與社區之資源匯聚模式，是指幼兒園將三者之相關資源，匯聚在幼兒園內，藉由課程領導的歷程，將這些資源建制成具有特色的學校本位課程。幼兒至幼兒園學習，除了擴增原本家庭之外，更可累積健康資本、文化資本與社會資本的機會。例如：幼兒可以在幼兒園裡獲得教師的教導，與其他幼兒們一起學習、遊戲等，藉此有機會提升他們的語言、常規、禮儀、預防保健、人際關係、社交能力……等。此外，幼兒從家庭走入幼兒園，也將讓幼兒有機會接觸到家庭以外的物質環境，擴充其經濟資本。其中，政府對於學前教育的補助經費，通常會以教育券的形式補助一般幼兒，或以津貼的方式補助弱勢幼兒……等，藉以鼓勵家長讓其幼兒進入幼兒園學習。當然，他們所居住的社區也會影響著幼兒的各項資本，對於已經入園學習的幼兒而言，他們與社區的互動除了可以透過家庭外，也有機會透過幼兒園產生交流。

　　依據《幼兒教育及照顧法》、《幼兒園教保活動課程暫行大綱》、《社區互助式教保服務實施辦法》、《幼兒園評鑑辦法》等的規範，幼兒園是牽動三者互為夥伴關係的重要橋梁，也是社區的資源中心。因此，以幼兒園作為社區資源匯聚的主要媒介，必須有系統的進行教學活動的課程設計，結合幼兒園、家庭與社區三者之資源。

貳、實作案例：幼兒園學校本位課程領導

本文所提供之作法，為作者之前的相關研究案例。係針對幼兒園，結合家庭與社區相關需求及資源之校本課程領導指標。本文提供相關指標內容，可以作為幼兒園實務者在推動相關課程領導時的具體作法，具有引導與評估的效用。藉此，拋磚引玉，提供相關實務之參酌。茲，將研究內容摘要，節錄如下。

研究主題：幼兒園學校本位課程領導指標

一、研究目的

幼兒園課程採用「幼稚園課程標準」的原則性規範，並沒有教科書、也無教科書或教材的審定制度。因此，相對於國民義務教育階段，幼兒園的教師們擁有課程的自主權，也具有更多彈性與自由發揮的空間。幼兒園可以根據其辦學理念、經營條件及師生的特質，自行發展適合自己園所的學校本位課程。據此，本研究目的在於建構相關的指標架構，這些指標具有引導性與評核性，可以幫助幼兒園瞭解推動學校本位課程的具體措施，並可以作為課程領導的具體施行方向與其執行內容。

二、研究方法

本研究之研究方法採用德菲法。德菲法係針對會議討論之缺點而設計，研究者針對研究議題，邀請多位專家以匿名、書面方式表達意見，並透過多次意見交流，逐步獲得共識以得到結論。本研究首先蒐集相關的文獻和理論，並依據文獻探討分析結果，編擬「幼兒園學校本位課程領導指標調查問卷」作為研究工具，蒐集臺灣專家學者對於幼兒園學校本位課程評鑑指標的相關意

見。本研究的德菲專家群成員，包括任教於大學校院相關領域的學術專家10人，以及實務現場的幼兒園園長5人與資深教師5人等，共計20人。最後，再將調查所得資料，以平均數、眾數、百分比及次數分配進行資料處理，作為本研究所建構指標之依據。

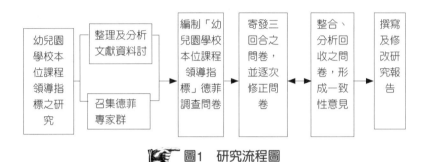

圖1　研究流程圖

三、研究發現

　　本研究實施三次的德菲專家群調查。第一次問卷，係採半結構式問卷；第二、三次問卷，依據專家群對前一次問卷的增刪及意見反應修訂而成。為了讓每位專家群均能充分瞭解本研究，在第一次問卷內附上研究說明函，第二、三次問卷附上問卷填答說明以及前一次問卷的回饋資料，期求調查順利進行。據此，本研究獲得幼兒園學校本位課程評鑑指標，包括有3個指標層面，共計有15項指標項目，彙整於下表。

幼兒園學校本位課程領導指標	課程之願景目標	1. 能結合園所之發展願景 2. 能符合幼兒各階段之身心發展 3. 能統整幼兒之多元學習領域 4. 能顯示園所教育資源與特色
	課程之內容設計	1. 能選擇適合的課程模式 2. 能融入生活情境 3. 能重視幼兒的興趣與自主性 4. 能保持教學活動的彈性 5. 能營造良好的生師互動 6. 能安排適切的學習評量方式 7. 能納入合宜的家長需求與相關資源 8. 能結合社區背景、特色與相關資源
	課程之成果檢核	1. 能建立課程成果評核之方式 2. 能兼顧園所利害關係人之評核觀點 3. 能依據課程成果之評核進行修正、回饋與反思

四、結論

　　根據本研究所建構之「幼兒園學校本位課程領導指標」，包含有課程之願景目標、內容設計、成果檢核等3個指標層面，及其15項指標執行項目。這些指標層面與項目，可以作為領導幼兒園進行學校本位課程之重要參考依據，並據以瞭解實施學校本位課程之執行項目。由於幼兒園的專業認證評鑑，主要內容包括了「園務領導」、「資源管理」、「教保活動課程」、「評量與輔導」、「安全與健康」、「家庭與社區」等類別，這些評鑑內容是由其管轄的地方教育局，以邀請學者與實務專家的方式進行外部評鑑。然而，本研究之「幼兒園學校本位課程領導指標」則可以引導幼兒園以課程為核心，作為其內部自我評鑑的可行方式。本研究希望以學校本位式的課程領導，結合上述評鑑項目之功能，進而可以改善傳統幼兒園領導制度偏重行政管理，忽視課

程設計之缺失。此外，建立學校本位課程領導需仰賴園所利害關係人的溝通與合作，包括了園所的園長、教師群、家長、社區與教育主管機構……等。因此，維持彼此間良好的互動關係是十分重要的。據此，園所應該要主動的將這些內部與外部的利害關係人，納入學校本位課程發展與領導的團隊，教育主管機關的協助與鼓勵，則有助於園所在這些指標項目上的規劃、執行與評核。

第六章　幼兒園、家庭與社區之溝通、賦權與合作

　　本節依據本文在理論篇各節的論述，歸納出相關結論五項，分別為：1. 健全幼兒的身心發展，幼兒園、家庭與社區應建立相互合作的夥伴關係；2. 幼兒園、家庭與社區之相關理論與實務，有助於整合三者之資源網絡；3. 歐美「學前啟蒙」與日本「家園共育」等政策經驗，可提供省思與借鏡；4. 探究當代多元化家庭的親職需求，以規劃相關活動方案；5. 幼兒家庭親職教育方案的設計與評核，包括了四個主要的流程步驟。最後，依據理論篇的學理與實務篇的實作案例，提出兩項建議：1. 瞭解幼兒園、家庭與社區之內涵與功能，強化彼此的溝通、賦權與合作；2. 幼兒園、家庭與社區之實作模式，可以參酌資源投遞式與資源匯聚式。

壹、幼兒園、家庭與社區相關理論與實務之結論

一、健全幼兒的身心發展，幼兒園、家庭與社區應建立相互合作的夥伴關係

　　從國內近期的相關法規政策，2011年公布的《幼兒教育及照顧法》、2012年的《幼兒園教保活動課程暫行大綱》、2012年的《社區互助式教保服務實施辦法》，及2012年公布的《幼兒園評鑑辦法》中，即可瞭解幼兒園在家庭與社區的資源整合上，被賦予高度的期待。並且，幼兒園在之後推動的「專業認證評鑑」中，「家庭與社區」是其評鑑檢核要項之一。可知，幼兒園應該主動與家庭、社區建立夥伴關係，包括邀請家長參與課程與教學，成為社區的參與者及共構者；將幼兒的家庭與社區生活，轉化為教保活動課程；開放幼兒園，以增進社區成員瞭解與接納；協助推動家庭親職服務，成為社區資源的整合中心。

二、分析幼兒園、家庭與社區之相關理論與實務，以搭建整合性的資源網絡

依據Bronfenbrenner在「人類發展生態系統理論」上的論點，幼兒與環境間的遠近可以分成五個系統。幼兒位於每個系統的核心位置，其主要的微觀系統包括了家庭、幼兒園與社區。從資本論中，我們可以瞭解幼兒從出生後受到家庭的影響最大，家庭決定了他們的原始資本，包括了經濟資本、健康資本、文化資本與社會資本等。然而，已經入幼兒園學習的幼兒，則可能擴增除了原本家庭之外，累積健康資本、文化資本與社會資本的機會。瞭解幼兒所處的生活環境，及其所擁有的各項資本，可以透過家庭、幼兒園與社區的夥伴協作，投入其所需的資源，例如：預防保健、啓蒙教育、津貼補助、親職教育……等。如同，美國啓蒙方案的相關實務經驗，讓幼兒園、家庭與社區搭起整合性的資源網絡，共同承擔幼兒共育的績效與責任，才有機會給予幼兒更好的生長環境，充實他們的人生資本，帶領他們走向充滿希望的新世代。

三、歐美「學前啓蒙」與日本「家園共育」等政策經驗，可提供省思與借鏡

從美國的「啓蒙方案」與英國的「安穩起步方案」政策經驗中，可以瞭解學前啓蒙教保服務需要投入大量的專業服務人力、資源與經費。其中，從方案的長期追蹤研究能夠瞭解所投入資源的後續成效。以Perry Preschool個案為例，顯示出方案成效不能只著眼在短期，而應該以幼兒長遠的發展為考量，其研究發現對於幼兒的影響並非只有在學業成就上，在日後的身心健康、社會道德與其職涯發展均有助益。此外，日本在2008年起新修訂的

《幼稚園教育要領》和《保育所保育指南》法案，將「與家庭及社區的合作」、「育兒支援」二者合併為「家園共育」政策，即積極的推動幼兒園、家庭與社區三者的合作，這些國外的相關趨勢發展與其政策經驗，可以提供我們作為借鏡與省思。

四、探究當代多元化家庭的親職需求，以規劃相關活動方案

　　家庭是幼兒主要的生長環境，它在與幼兒園、社區的三角關係中，是屬於關鍵樞紐的位置，也是其他二者將資源導入的接口。因此，認識幼兒家庭以瞭解其家庭需求是必要的，如此才能規劃相關的親職活動，提供幼兒及其家庭相關的支援與資源。我們應該瞭解社會變遷與當代多元家庭的類型，針對不同的家庭親職需求，以規劃其適合的活動方案。在核心家庭部分，其主要的親職需求有：減少親職壓力、尋求配偶支持、增進親職效能……等；在單親與繼親家庭部分，其主要的親職需求有：增進親子關係、促進家庭功能……等；在隔代教養家庭部分，其主要的親職需求有：提升教養知能與技巧、瞭解相關福利資源……等；在特殊幼兒家庭部分，其主要的親職需求有：強化親職復原力、增進早期療育知能……等；在新移民家庭部分，其主要的親職需求有：增進語言文化的適應與溝通能力、瞭解社區資源網絡與福利服務……等。至於，規劃相關的親職活動，分別有幼兒園取向、家庭取向、社區取向與方案取向等四種方式，這些規劃取向可以單獨施行，也可以採行整合方式辦理。

五、幼兒家庭親職教育方案之設計與評核，包括了四個主
　　要的流程步驟

　　親職教育方案是以幼兒家長（或主要照顧者）為對象，瞭解他們的家庭教養需求，整合社區、家庭與幼兒園之相關資源，

153

規劃合適的親職教育活動，以提升家長的的親職責任與知能，並由相關權責單位進行方案成效的檢討、修正與評核。其設計與評估，包括了四個主要的流程步驟：1.瞭解幼兒家庭的親職需求：本文歸納出三種探詢親職需求的策略，即以資料的第一手性與多元性為區分，分成幼兒家庭需求直接探詢法、間接探詢法、多層次探詢法，這些探詢需求的方式，並沒有絕對的優與劣，而是必須依據方案的背景與目的，選擇適合的探詢方式。2.整合社區、家庭與教保機構之相關資源：本文對於社區的定義，將幼兒在生活中的社區資源，重新分成三種類別，包括了地理資源、行政資源、人文資源；地理資源是指幼兒居住社區的地理環境，包括了社區內的自然界環境資源與建設性環境資源；行政資源是指幼兒居住社區的行政環境，包括了社區內的政府行政資源與民間行政資源；人文資源是指幼兒居住社區的人文環境，包括了社區內的人力資源與文化資源等。3.規劃合適的親職教育活動：並沒有絕對的好與壞，唯有將合適的活動提供給有需要的對象，才有機會產生較高的回應與效應；親職教育活動是彈性的、變動的。4.檢討、修正與評核方案之成效：以「邏輯模式」架構，作為親職教育活動方案相關歷程的檢討、修正與評核，包括了輸入、過程、輸出、成果、成效等五個檢核要項；因此，以邏輯模式來分析親職教育活動的成效，重點就是看這五個歷程的投入、過程與產出，是否有達成方案的目標。

貳、幼兒園、家庭與社區相關理論與實務之建議

一、瞭解幼兒園、家庭與社區之職責與功能，有助於彼此的溝通、賦權與合作

　　瞭解幼兒園、家庭與社區之內涵與功能，有助於強化彼此的溝通、賦權與合作。幼兒園為收托3歲至學齡前的幼兒，提供教育與保育整合性服務的機構，歸屬於教育部主管機關管轄，是目前國內學前教保機構上的總稱；然而，各國學前教保機構會因應民情與政策的不同，而有名稱、收托年齡、服務內容等方面的特色與差異。家庭為生命的起源，也是社會的基礎單位；隨著社會的變遷與家庭結構的鬆綁，現代家庭的形式與組成已經變得複雜且多元，其中，家庭生育率大幅降低所形成的少子化現象，是目前全球性的共同危機，將會衝擊著各級教育產業，以學前教保機構為先。社區具有親密關係和共同地域之意，是介於家庭與國家間的橋梁，兼具了地理的、行政的與人文的空間區域等種類；社區不只是幼兒活動的區域，更是他們生長的家園，家庭與幼兒園應與社區進行教育資源的整合。可知，三者之間具有彼此的牽連，透過溝通、賦權與合作的互動方式，可以讓三者的夥伴關係更為堅定與長久。

二、幼兒園、家庭與社區之實作模式，可以參酌資源投遞式與資源匯聚式

　　本文希望能夠提供幼兒園家庭與社區更為具體的實作模式，以促進相關實務者瞭解如何將三者進行資源的整合與應用。依據《幼兒教育及照顧法》、《幼兒園教保活動課程暫行大綱》、《社區互助式教保服務實施辦法》、《幼兒園評鑑辦法》等的規範，幼兒園應該主動參與幼兒家庭的親職需求服務。針對

155

經濟資本、社會資本與文化資本不足的弱勢幼兒，則幼兒園可以擔任相關資源的主要投遞者。此外，幼兒園是牽動三者互為夥伴關係的重要橋梁，也是社區的資源中心。因此，以幼兒園作為社區資源匯聚的主要媒介，必須有系統的進行教學活動的課程設計，結合幼兒園、家庭與社區三者之資源。據此，本文建議的兩種實作模式分別為：1.資源投遞模式，即以幼兒園為資源的投遞者，將親職教育方案投遞給鄰近社區之被服務家庭；2.資源匯聚模式，即以幼兒園為資源的匯聚中心，透過課程領導將資源整合成學校本位課程。在補充案例的部分，可以參酌「家庭服務取向親職方案」與「幼兒園學校本位課程領導」兩個實作案例。

參 考 文 獻

中文部分

內政部戶政司（2012）。歷年人口統計出生數：臺灣婦女生育率及繁殖率。2012年11月15日，取自：http://www.ris.gov.tw/zh_TW/37

內政部社會司（2004）。家庭政策。2013年11月5日，取自：http://sowf.moi.gov.tw/18/index.htm

日本文部科學省（2008）。幼稚園教育要領解說。2014年2月16日，取自：http://www.edu.city.suzuka.mie.jp/shido/cos/kinder.pdf

日本文部科學省（2009）。幼稚園教育要領與保育所保育指針的關係。2014年2月16日，取自：http://www.mext.go.jp

日本文部科學省（2013）。幼兒教育・家庭教育。2013年11月25日，取自：http://www.mext.go.jp

日本文部科學省（2014）。概述修訂幼兒園教育指導方針和歷史。2014年2月16日，取自：http://www.mext.go.jp

日本厚生勞動省（2013）。兒童與兒童保育支援。2013年11月25日，取自：http://www.mhlw.go.jp

日本學校教育法（2011年6月3日）。

王中天（2003）。社會資本：概念、源起及現況。問題與研究，42（5），139-163。

王惠琴（2009）。新移民婦女親職教育需求評估與親職自我效能感之研究：以臺北縣市為例（未出版之碩士論文）。私立淡江大學教育心理與諮商研究所，臺北縣。

王叢桂（2000）。促進參與父職因素的探討。應用心理研究，6，131-171。

史景軒（2005）。日本PTA研究（未出版之碩士論文）。河北大學比較教育學系，河北省。

幼兒教育及照顧法（2011年6月29日）。

幼兒園教保活動課程暫行大綱（2012年8月30日）。

幼兒園評鑑辦法（2012年10月5日）。

甘玉霜（2005）。屏東地區外籍母親親職角色知覺與親職教育需求之相關研究（未出版之碩士論文）。國立屏東師範學院教育行政研究所，屏

東市。

石萬壽（2004）。樂君甲子集。臺南市：臺南市政府文化局。

任文香（1995）。幼兒母親親職壓力、因應策略與親子關係滿意之關係研究（未出版之碩士論文）。臺灣師範大學家政教育研究所，臺北市。

任秀媚（1985）。家長參與幼兒學校學習活動對幼兒社會行為的影響。新竹師專學報，**12**，125-180。

行政院主計總處（2012）。**101年家庭收支調查報告**。2013年12月5日，取自：http://win.dgbas.gov.tw/fies/a11.asp?year=101

行政院主計總處（2013）。**國情統計通報**。2013年12月5日，取自：http://www.stat.gov.tw

行政院主計總處（2013）。**統計資料背景說明**。2013年12月15日，取自：http://www.dgbas.gov.tw/lp.asp?ctNode=3239&CtUnit=352&BaseDSD

何華國（2006）。**特殊幼兒早期療育**。臺北市：五南。

何詠俞（1993）。**不同家庭結構中父母管教方式對子女自尊心與偏差行為之影響研究**（未出版之碩士論文）。中國文化大學家政研究所，臺北市。

何瑞珠（1999）。家長參與子女的教育：文化資本與社會資本的闡釋。**教育學報，26**（2），233-261。

何瑞珠（2002）。**家庭學校與社區協作：從理念研究到實踐**。香港：中文大學出版社。

余書麟（1971）。**中國教育史**。臺北市：國立臺灣師範大學印行。

吳佳玲（1996）。家庭結構與子女自尊表現之研究——繼親家庭與生親家庭之比較。**臺南家專學報，15**，203-217頁。

吳清基（2004）。**92年度臺北市南區特教資源中心成果報告**。臺北市：臺北市政府教育局。

李子建、楊曉萍、殷潔（2009）。**幼兒園園本課程開發的理論與實踐**。北京市：人民教育出版社。

李生蘭（2006）。**幼兒園與家庭、社區合作共育的研究**。上海：華東師範大學出版社。

李明甄（2006）。**彰化縣幼稚園外籍配偶家庭需求研究**（未出版之碩士論文）。國立嘉義大學幼兒教育學系，嘉義市。

李湘凌、高傳正（2006）。隔代教養幼兒在幼兒園生活適應之個案研究。**幼兒保育研究集刊，2**（1），37-56。

沈秀治（2012）。**已婚職業婦女的親職壓力與婚姻滿意度相關性研究——以新北市中和區幼兒園母親為例**（未出版之碩士論文）。中國文化大學青少年兒童福利研究所，臺北市。

周佳欣（2010）。**雙薪家庭父母的挑戰：工作負荷、情緒感受與親職參與之關係研究**（未出版之碩士論文）。輔仁大學兒童與家庭學系，臺北縣。

林佩紜（2012）。**隔代教養大班幼兒學校生活適應表現之情形**（未出版之碩士論文）。國立嘉義大學幼兒教育學系研究所，嘉義市。

林佳芬（2011）。**文教產業服務行銷理論與實務——以華人學前教保機構為例**。臺北市：心理。

林南（2004）。教育制度與社會資本。**教育研究集刊，50**（4），1-16。

林美惠、王奕貞、莊財福（2010）。**新移民女性參與子女學校教育：以臺灣雲林縣個案為例**。臺北市：秀威資訊科技。

林家興（2007）。**親職教育的原理與實務**（第二版）。臺北市：心理。

林振隆（2004）。**外籍配偶親職勝任感及親職教育需求之研究**（未出版之碩士論文）。國立新竹教育大學職業繼續教育研究所，新竹市。

林清江（2000）。家長—教師協會（美國）。國家教育研究（主編），**教育大辭書**。取自：http://terms.naer.edu.tw/detail/1308193/

林勝義（1986）。**兒童福利行政**。臺北市：五南。

林雅容（2013）。資源匱乏地區發展遲緩兒童社區療育據點服務實施情形之探討。**特殊教育研究學刊，38**（1），1-29。

林榮遠（譯）（1999）。**共同體與社會：純粹社會學的基本概念**。（原作者：F. Tonnies）。北京市：商務印書館。（原出版年：1881）

社區互助式教保服務實施辦法（2012年7月18日）。

柯秋雪（2009）。早期療育到宅服務實施之研究——以臺北縣為例。**特殊教育研究學刊，34**（3），1-24。

洪珮婷（2001）。**過動兒的母親壓力與因應策略之探討**（未出版之碩士論文）。東吳大學社會工作學系，臺北市。

香港特別行政區政府（2013）。**學前教育**。2013年11月30日，取自：http://www.gov.hk/tc/residents/education/preprimary/

家庭教育法（2003年2月6日）。

家庭教育法施行細則（2004年02月13日）。

徐宗林、周愚文（1997）。**教育史**。臺北市：五南。

徐愛華（2006）。**新手父母的親職壓力與家庭教育需求之研究**（未出版之碩士論文）。國立嘉義大學家庭教育研究所，嘉義市。

翁毓秀（1999）。親職壓力與兒童虐待——兼論兒童虐待的預防。**社區發展季刊，86**，262-279。

翁麗芳（1998）。**幼兒教育史**。臺北市：心理。

翁麗芳（2010）。日本的幼兒教育——托育及其人才的培育。**幼兒教保研究期刊，5**，65-71。

高儀玲（2009）。**幼兒階段隔代教養家庭祖輩教養困境與需求之研究：以臺中市一所公立幼稚園爲例**（未出版之碩士論文）。國立臺中教育大學幼兒教育學系碩士班，臺中市。

張美麗（1992）。父母離異對子女影響之探討。**國立臺中師範學院幼兒教育年刊，5**，143-160。

教育部（2001）。**教育部教育改革之檢討與改進會議**。2013年12月10日，取自：http://www.edu.tw/secretary/content.aspx?site_content_sn=19568

曹純瓊、章玉玲（2007）。父母教養自閉症幼兒之心理適應研究。**東臺灣特殊教育學報，9**，109-124。

許學政（2005）。**雙親家庭之親職壓力及其共親職、人格特質之研究**（未出版之碩士論文）。國立嘉義大學家庭教育研究所，嘉義市。

郭靜晃（2010）。**親職教育——理論與實務**（二版）。新北市：揚智文化。

郭靜晃、吳幸玲（2003）。臺灣社會變遷下之單親家庭困境。**社區發展季刊，102**，144-162。

陳里鳳（2005）。**臺北市外籍配偶親職教育需求之研究**（未出版之碩士論文）。國立臺灣師範大學社會教育學系，臺北市。

陳長益（2002）。啓蒙方案。國家教育研究（主編），**教育大辭書**。取自：http://terms.naer.edu.tw/detail/1310417/

陳奎喜（民88）。**教育社會學研究**。臺北市：師大書苑。

陳若琳、李青松（2001）。臺北縣雙工作家庭父母親的親職喜悅與壓力之探討。**生活科學學報，7**，157-180。

陳韻如（2003）。**復原力對聽障幼童家長心理調適影響之研究**（未出版之碩士論文）。國立彰化師範大學輔導與諮商學系研究所，彰化市。

傅秀媚、沈芳榕（2009）。發展遲緩兒童隔代教養家庭親職教育方案之建構。**特殊教育與復健學報，20**，1-24。

湯梅英（2000）。及早開始計畫。國家教育研究（主編），**教育大辭書**。取自：http://terms.naer.edu.tw/detail/1302886/

黃人頌（1989）。**學前教育學**。北京市：人民教育出版社。

黃彥宜（1991）。臺灣社會工作發展：1683-1988。**思與言，29**（3），119-152。

黃彥宜（2007）。溫柔的權威：十九世紀湯恩比館的發展。**社區發展季刊，119**，387-401。

黃淑賢（2003）。**復原力對自閉症兒童家長心理調適影響之研究**（未出版

之碩士論文）。暨南國際大學輔導與諮商研究所，南投縣。

黃意舒（2000）。家長合作學校。國家教育研究（主編），**教育大辭書**。取自：http://terms.naer.edu.tw/detail/1308201/

黃麗娥（1999）。**臺北市發展遲緩幼兒家長親職教育需求之研究**（未出版之碩士論文）。中國文化大學兒童福利研究所，臺北市。

楊文山（2009）。臺灣地區家戶組成變遷與家人關係。人文與社會科學簡訊，**10**（2），20-27。

楊妙芬（1995）。單親兒童非理性信念、父母管教態度、自我概念與人際關係之研究。**屏東師院學報**，**8**，73-108。

楊桂梅（2004）。日本PTA的經驗及啟示。日本問題研究，**2**，39-41。

葉郁菁（2006）。從英國「安穩起步」（Sure Start）計畫談外籍配偶子女的語言發展與輔導。**教育資料與研究**，**69**，285-292。

賈國靜（2002）。私塾與學堂：清末民初教育的二元結構。四川師範大學學報──社會科學版，**1**，97-105。

賈學政（2005）。近代私塾與宗族社會。理論與實踐月刊，**3**，70-72。

廖月瑛、曾燦燈、洪明全、楊登順（2011）。學前弱勢家庭兒童到宅閱讀輔導之準實驗研究──以臺南市個案為例。**華醫學報**，**34**，31-47。

翟本瑞（2002）。家庭文化資本對學校教育影響之研究：以農業縣山區小學為例。**教育與社會研究**，**4**，181-195。

劉百純、陳若琳（2010）。新手媽媽的配偶支持、親職效能與親職壓力之相關研究。幼兒教育季刊，**297**，23-41。

劉惠琴（2000）。母女關係的社會建構。載於林惠雅、劉惠琴、王叢桂（主編），**應用心理研究**（頁97-130）。臺北市：五南。

歐陽閣、柯華葳、梁雲霞（1990）。我國國民小學家長參與子女學習活動之研究。**國立政治大學教育心理與研究**，**13**，265-308。

鄭雅雯（2000）。**南洋過臺灣：東南亞外籍新娘在臺婚姻與生活探究──以臺南市為例**（未出版之碩士論文）。國立東華大學族群關係與文化研究所，花蓮縣。

薛百靈（2007）。**幼托園所外籍配偶子女教育需求探討──以中部地區三縣市為例**（未出版之碩士論文）。國立臺中教育大學教育學系，臺中市。

鍾重發（2003）。支援協助外籍新娘家庭子女學齡前之兒童發展。兒童福利期刊，**4**，251-257。

魏惠貞（2008）。**各國幼兒教育**。臺北市：心理。

英文部分

Abidin, R. R. (1992). The determinant of parenting behavior. *Journal of Child Psychology, 21*(4), 407-412.

Becker, W. C. (1974). *Parents are teacher.* Champaign, IL: Research Press.

Berg, B. & Kelly, R. (1979). The measured self-esteem of children from broken rejected and accepted families. *Journal of Divorce, 2,* 263-369.

Bernstein, B. (1975). *Class, codes and control: Toward a theory of educational transmissions.* London: Routledge & Kegan Paul.

Bourdieu, P. (1977). Cultural reproduction and social reproduction. In J. Karabel, & A. H. Halsey (Eds.), *Power and ideology in education* (pp. 487-511). New York: Oxford University Press.

Bourdieu, P. (1984). *Distinction: A Social Critique of the Judgement of Taste.* Cambridge, Mass: Harvard University Press.

Bourdieu, P. (1986). The forms of capital (R. Nice, Trans.). In L. C. Richardson (Ed.), *Handbook of theory and research for the sociology of education* (pp. 241-258). New York: Greenwood Press.

Bourdieu, P., & Passeron, J. C. (1990). *Reproduction in education, society and culture* (R. Nice, Trans.). Newbury Park, CA: Sage.

Briggs, A. & A. Macartney (1984). *Tonybee Hall: the First Hundred Years.* London: Routledge & Kegan Paul.

Bronfenbrenner, U., & Morris, P. A. (1998). The ecology of developmental processes. In W. Damon (Series Ed.) & R. M. Lerner (Vol. Ed.), *Handbook of child psychology: Vol. 1. Theoretical models of human development* (5th ed., pp. 993-1028). New York: John Wiley.

Bronfenbrenner, U. (1979). *The Ecology of Human Development: Experiments by Nature and Design.* Cambridge, Ma: Harvard University Press.

Bronfenbrenner, U. (2004). *Making human beings human: Bio-ecological perspective on human development.* Thousand Oaks, CA: Sage.

Cartland, J., Ruch-Ross, H. S., & Henry, D. B. (2003). Feeling at home in one's school: A first look at a new measure. *Adolescence, 38*, 305-319.

Chang, Y. E., Huston, A., Crosby, D. A., & Gennetian, L. A. (2007). The effects of welfare and employment programs on children's participation in Head Start. *Economics of Education Review, 26*, 17-32. *children's education.* NY: The Falmer Press.

Coleman, J. S. (1987). Families and schools. *Educational Researcher, 16*(6), 32-38.

Coleman, J. S. (1988). Social capital in the creation of human capital. *American Journal of Sociology, 94*(Supplement), 95-120.

Coleman, J. S. (1990). *Foundations of social theory.* Cambridge, MA: Beiknap Press of Harvard University Press.

Coleman, J. S. (1994). Family, school, and social capital. In T. Husen, & T. N. Postlethwaite (Eds.), *International encyclopedia of education* (2nd ed., pp. 2272-2274). Oxford: Pergamon Press.

Coleman, J. S., & Hoffer, T. (1987). *Public and private high schools: The impact of communities.* NY: Basic Books, Inc.

Coleman, P. K., & Karraker, K. M. (1998). Self-efficacy and parenting quality: findings and future applications. *Developmental Review, 18*, 13-25.

Couchenour, D., & Chrisman, K. (2000). *Families, schools, and communities: Together for young children.* Albany, NY: Delmar.

Dewey, J (1938). *Experience and Education.* NY: Collier Books.

Dewey, J. (1990). *The School and Society.* NY: McClure, Phillips & Company.

Dimmock, C. A. J., O'Donoghue, T. A., & Robb, A. S. (1996). Parental Involvement in Schooling: An Emerging Research Agenda, *Compare, 26*(1), 5-20.

Early Childhood Learning & Knowledge Center (2014). *About Head Start.* 2014. 01. 15 Retrieved from http://eclkc. ohs. acf. hhs. gov

Edinete, M. R. & Jonathan, T. (2013). Urie Bronfenbrenner's Theory of Human Development: Its Evolution From Ecology to Bioecology. *Jouranl of Family Theory Review, 5*(4), 243-258.

Epstein, J. L. (1990). School and family connections: Theory, research and implications for integrating sociologies of education and family. In D. G. Unger, & M. B. Sussman (Eds.), *Family in community settings: Interdisciplinary perspectives* (pp. 99-126). NY: Haworth Press.

Essa, E. L., & Rogers, P. R. (1992). *An early childhood curriculum: From developmental model to application.* Albany, NY: Delmar Publishers Inc.

Fagnano, C. L., & Werber, B. Z. (Eds.). (1994). *School, family, and community interaction: A view from the firing lines.* San Francisco: Westview Press.

Farr, J. (2004). Social Capital: A Conceptual History. *Political Theory, 32*(1), 6-33.

Gable, S., Belsky, J., & Crnic, K. (1995). Coparenting During the Child's: A Descriptive Account. *Journal of Marriage and the Family, 57*(3), 609-616.

Gallahue, D. L., & Ozmun, J. C. (2006). *Understanding motor development:*

163

Infants, children, adolescents and adults (6th ed.). Boston: McGraw-Hill.

Garfinkel, I., & McLanahan, S. S. (1986). *Single mothers and their children: A new American dilemma.* Washington DC: The Urban institute Press.

Gestwicki, C. (2007). *Home, school, and community relations* (6th ed.). Albany, NY: Thomson Delmar Learning.

Glickman, C. (1986). Play in public school settings: A philosophical question. In T. D. Yawkey & A. D. Pellegrini (Eds.), *Child's Play: Developmental and applied* (pp. 225-257). Hillsdale, NJ: Erlbaum.

Gordon, T. (1970). *Parent effectiveness training.* NY: Wyden.

Grossman, M. (1972). On the Concept of health Capital and the Demand for Health. *Journal of Political Economy, 80*(2), 223-255.

Hao, L., & Burns, M. B. (1998). Parent-Child Differences in Educational Expectations and the Academic Achievement of Immigrant and Native Students. *Sociology of Education, 71,* 175-198.

Harbin, G. L., & West, F. (1998). *Early Intervention Service Delivery Models and Their Impact on Children and Families.* (Eric Document Reproduction Service NO. ED417507)

Harker, R., Nash, R., Durie, A., & Charters, H. (1993). *Succeeding generations: Family resources and access education in New Zealand.* NY: Oxford University Press.

Ho, S. C., & Willms, J. D. (1996). The effect of parental involvement on the achievement of eighth grade students. *Sociology of Education, 69*(2), 126-141.

Kagel, S., White, R., & Coyne, J. (1978). Father-absent and father-present families of disturbed and nondisturbed adolescents. *American Journal of Orthopsychiatry, 48,* 342-352.

Kelly, S. J., Yorker, B. C., Whitely, D. M., & Sipe, D. A. (2001). A multimodal intervention for grandparent straining grandchildren: Results of an exploratory study. *Child Welfare, 80*(1), 27-50.

Kettner, P. M., Moroney, R. M., & Martin, L. L. (2012). *Designing and managing programs: An effectiveness-based approach* (4th ed.). Thousand Oaks, CA: Sage.

Khattab, N. (2002). Social Capital, Students' Perceptions and Educational Aspirations among Palestinian Students in Israel. *Research in Education, 68,* 77-88.

Klass, C. S. (2003). *The home visitor's guidebook* (2nd ed.). Baltimore, MD:

Paul H. Brookes.

Konold, T. R., & Abidin, R. R. (2001). Parenting Alliance: A Multifactor Perspective. *ProQuest Education Journals, Assessment, 8(1)*, 47.

Lamb, M. E. & Tamis-LeMomda, C. S. (2004). The role of the father: An introductory. In M. E. Lamb(Ed.), *The role of the father in child development* (pp. 1-31). NY: John Wiley.

Lareau, A. (1989). *Home advantage: Social class and parental intervention in elementary education.* NY: Falmer Press.

Lee, V. E., Bryk, A. S., & Smith, J. B. (1992). The organization of effective secondary schools. *Review of Research in Education, 62,* 171-267.

Little, D. (1974). Dimensions in parent programs: An overview. In I. J. Grimm (Ed.), *Training parents to teach: Four models.* Chapel Hill, NC: Technical Assistance Development Systems.

Love, J. M., Kisker, E. E., Raikes, H. H., & Tarullo, L. (1998). Overview of the Early Head Start Research and Evaluation project. *National Head Start Association Research Quarterly, 1*(4), 181-192.

McBride, B. A., & Lutz, M. M. (2004). Intervention: Changing the Nature and Extent of Father Involvement. In M. E. Lamb (Ed.), *The role of the father in child development* (pp. 1-31). NY: John Wiley.

McDermott, J. F. (1997). Risk and protective factors in child and adolescent psychiatric disorders. In J. D. D. Noshpitz (Ed.), *Handbook of child and adolescent psychiatry* (pp. 243-251). NY: Wiley.

Mckillip, J. (1987). *Need analysis: Tools for the human services and education.* Newburym, CA: Sage.

Mitchell, W. (2007). Research Review: The role of grandparents in intergenerational support for families with disabled children: a review of the literature. *Child & Family Social Work, 12*(1), 94-101.

Naess, A. (1989). *Ecology, community and lifestyle.* NY: Cambridge University Press.

Neidell, M., & Waldfogel, J. (2009). Program participation of immigrant children: Evidence from the local availability of Head Start. *Economics of Education Review, 28*, 704-715.

OECD (2007). *Society at a glance: OECD social indicators, 2006 Edition.* OECD Publishing.

Olson, D., DeFrain, J., & Skogrand, L. (2008). *Marriages and families: Intimacy, diversity and strengths.* NY: McGraw Hill.

Onyskiw, J. E., & Hayduk, L. A. (2001). Processes underlying children's adjustment in families characterized by physical aggression. *Family Relations, 50,* 376-385.

Peterson, N. L. (1987). *Early intervention for handicapped children and at-risk children: An introduction to early childhood special education.* Denver: Cove.

Plowded Report (1967). *Children and Their Primary School, Report for the Central Advisory Council for Education, Department of Education and Science.* England, London: HMSO.

Powell, D. R. (1986). Parent education and support programs. *Young Children, 41*(3), 47-53.

Putnam, R. D. (2000). *Bowling alone: the collapse and revival of American community.* NY: Simon & Schuster.

Ramey, C. T., & Ramey, S. L. (2004). Early educational interventions and intelligence: Implications for Head Start. In E. Zigler & S. J. Styfco (Eds.), *The Head Start debates* (pp. 3-17). MD: Paul H. Brookes.

Rather, C. (1991). *Vygotsky's sociohistorical and its contemporary and its on temporary applications.* NY: Plenum Press.

Resnick, M. D., Bearman, P. S., Blum, R. W., Bauman, K. E., Harris, K. M., ... T., Sieving, R. E., Shew, M., Ireland, M., Bearinger, L. H., & Udry, J. R. (1997). Protecting adolescents from harm: Findings from the National Longitudinal Study on Adolescent Health. *Journal of the American Medical Association, 278*(10), 823-832.

Riessman, F. (1962). *The culturally deprived child.* New York: Harper and Row.

Schweinhart, L. J., & Weikart, D. P. (1980). *Young children grow up: The effects of the Perry Preschool Program on youths through age 15 (Monographs of the High Scope Educational Research Foundation, 7).* Ypsilanti, MI: High Scope Press.

Schweinhart, L. J., Barnes, H. V., & Weikart, D. P. (1993). *Significant benefits: The High Scope Perry Preschool Study through age 27* (Monographs of the High Scope Educational Research Foundation, 10). Ypsilanti, MI: High Scope Press.

Schweinhart, L. J., Berrueta-Clement, J. R., Barnett, W. S., Epstein, A. S., & Weikart, D. P. (1985). Effects of the Perry Preschool Program on youths through age 19 – A summary. *Topics in Early Childhood Special Education, 5,* 26-35.

Schweinhart, L. J., Montie, J., Xiang, Z. Barnett, W. S., Belfield, C. R., & Nores, M. (2005). *Lifetime effects: The High Scope Perry Preschool Study through age 40.* (Monographs of the High/Scope Educational Research Foundation, 14). Ypsilanti, MI: High Scope Press.

Schweinhart, L. J., & Weikart, D. P. (1997). The High/Scope preschool curriculum comparison study through age 23. *Early Childhood Research Quarterly, 12*, 117-143.

Schweinhart, L. J., Weikart, D. P., & Larner, M. B. (1986). Consequences of three preschool curriculum models through age 15. *Early Child Research Quarterly, 1*, 15-45.

Shea, D., Miles, T., & Hayward, M. (1996). The Health-Wealth Connection: Racial Differences. *The Gerontologist, 36*(3), 342-349.

Smith, A. B., Dennison, L. L., & Vach-Hasse, T. (1998). When "grandma" is "Mom": what today's teachers need to know. *Childhood Education, 75*, 12-16.

Stoyles, G. J. (2002). *Keeping one step ahead: TANDEM, An assessment and intervention programme for parents of adolescents at risk of problem behavior.* Wollongong, Australia: University of Wollongong.

Sweeting, H., & West, P. (1995). Family life and health in adolescence: A role for culture in the health inequalities debate? *Social Science & Medicine, 40*, 163-175.

Trost, J. (1990). Do we mean the same by the concept of family? *Communication Research, 17*(4), 431-444.

Turner, S. G. (2001). Resilience and social work practice: Three case studies. *Families in Society, 82*(5), 441-448.

Vygotsky, L. S. (1978). *Mind in society.* Cambridge, MA: Harvard University

Walsh, F. (1998). *Strengthening family resilience.* NY: Guildford.

Wolf, L. C., Noh, S., Fishman, S. N., & Speechley, M. (1989). Brief report: psychological effects of parenting stress on parents of autistic children. *Journal of Autism and Developmental Disorders, 19*, 157-166.

Wong, W-C. (2001). Co-constructing the Personal Space-Time Totality: Listening to the Dialogue of Vygotsky, Lewin, Bronfenbrenner, and Stern. *Journal for the Theory of Social Behaviour, 31*(4), 365-382.

Yan, W. (1995). *School effects on parent involvement: Findings from NELS: 88 data.* Paper presented at the annual meeting of the American Educational Research Association, San Francisco.

附錄　法規

1. 幼兒教育及照顧法

修正日期：民國104年7月1日

第一章　總則

第1條

為保障幼兒接受適當教育及照顧之權利，確立幼兒教育及照顧方針，健全幼兒教育及照顧體系，以促進其身心健全發展，特制定本法。

第2條

本法用詞，定義如下：

一、幼兒：指二歲以上至入國民小學前之人。

二、幼兒園：指對幼兒提供教育及照顧服務（以下簡稱教保服務）之機構。

三、負責人：指幼兒園設立登記之名義人；其為法人者，指其董事長。

四、教保服務人員：指在幼兒園服務之園長、教師、教保員及助理教保員。

第3條

本法所稱之主管機關：在中央為教育部；在直轄市為直轄市政府；在縣（市）為縣（市）政府。

本法所定事項涉及各目的事業主管機關業務時，各該機關應配合辦理。

第4條

各級主管機關為整合規劃、協調、諮詢及宣導幼兒教保服務，應召開諮詢會。

前項諮詢會，其成員應包括主管機關代表、衛生主管機關代表、身心障礙團體代表、教保學者專家、教保團體代表、教保服務人員團體代表及家長團體代表；其組織及會議等相關事項之辦法及自治法規，由各主管機關定之。

第5條

中央主管機關掌理下列事項：

一、教保服務政策及法規之研擬。

二、教保服務理念、法規之宣導及推廣。

三、全國性教保服務之方案策劃、研究、獎助、輔導、實驗及評鑑規劃。

四、地方教保服務行政之監督、指導及評鑑。

五、教保服務人員人力規劃、培育及人才庫建立。

六、全國性教保服務基本資料之蒐集、調查、統計及公布。

七、教保服務人員權益保障事項之推動。

八、協助教保服務人員組織及家長組織之成立。

九、其他全國性教保服務之相關事項。

第6條

直轄市、縣（市）主管機關掌理下列事項：

一、地方性教保服務方案之規劃、實驗、推展及獎助。

二、幼兒園之設立、監督、輔導及評鑑。

三、公立幼兒園、非營利幼兒園及社區或部落互助教保服務中心普設之推動。

四、教保服務人員之監督、輔導、管理及在職訓練。

五、幼兒園親職教育之規劃及辦理。

六、地方性教保服務基本資料之蒐集、調查、統計及公布。

七、其他地方性教保服務之相關事項。

第二章　幼兒園設立及其教保服務

第7條

幼兒園教保服務應以幼兒為主體，遵行幼兒本位精神，秉持性別、族群、文化平等、教保並重及尊重家長之原則辦理。

推動與促進幼兒教保服務工作發展為政府、社會、家庭、幼兒園及教保服務人員共同之責任。

政府應提供幼兒優質、普及、平價及近便性之教保服務，對處於經濟、文化、身心、族群及區域等不利條件之幼兒，應優先提供其接受適當教保服務之機會。

公立幼兒園及非營利幼兒園應優先招收不利條件之幼兒，其招收不利條件幼兒人數超過一定比率時，得報請直轄市、縣（市）主管機關增聘專業輔導人力。

前項招收不利條件幼兒之優先順序、一定比率及增聘輔導人力之自治法規，由直轄市、縣（市）主管機關定之。

政府對就讀幼兒園之幼兒，得視實際需要補助其費用；其補助對象、補助條件、補助額度及其他應遵行事項之辦法，由中央主管機關定之。

第8條

直轄市、縣（市）、鄉（鎮、市）、直轄市山地原住民區、學校、法人、團體或個人得興辦幼兒園，幼兒園應經直轄市、縣（市）主管機關許可設立，並於取得設立許可後始得招生。

公立學校所設幼兒園應為學校所附設，其與直轄市、縣（市）、鄉（鎮、市）及直轄市山地原住民區設立者為公立，其餘為私立。但本法施行前已由政府或公立學校所設之私立幼稚園或托兒所，仍為私立。

幼兒園得於同一鄉（鎮、市、區）內設立分班，其招生人數不得逾本園之人數或六十人之上限。

私立幼兒園得辦理財團法人登記並設置董事會。

幼兒園與其分班基本設施設備之標準，及其設立、改建、遷移、擴充、增加招收幼兒人數、更名與變更負責人程序及應檢具之文件、停辦、復辦、撤銷與廢止許可、督導管理、財團法人登記、董事會運作及其他應遵行事項之辦法，均由中央主管機關定之。

第9條

直轄市、縣（市）政府得委託公益性質法人或由公益性質法人申請經核准興辦非營利幼兒園，其辦理方式、委託要件、委託年限、委託方式、收費基準、人員薪資、審議機制、考核及其他應遵行事項之辦法，由中央主管機關定之。

直轄市、縣（市）政府為辦理前項事項，應召開審議會，由機關首長或指定之代理人為召集人，成員應包括教保學者專家、家長團體代表、婦女團體代表、勞工團體代表、教保團體代表及教保服務人員團體代表。

第10條

離島、偏鄉於幼兒園普及前，及原住民族幼兒基於學習其族語、歷史及文化機會與發揮部落照顧精神，得採社區互助式或部落互助式方式對幼兒提供教保服務；其地區範圍、辦理方式、人員資格、登記、環境、設施設備、衛生保健、督導、檢查、管理及其他應遵行事項之辦法，由中央主管機關會同中央原住民族主管機關定之。

第11條

幼兒園教保服務之實施，應與家庭及社區密切配合，以達成下列目標：

一、維護幼兒身心健康。

二、養成幼兒良好習慣。

三、豐富幼兒生活經驗。

四、增進幼兒倫理觀念。

五、培養幼兒合群習性。

六、拓展幼兒美感經驗。

七、發展幼兒創意思維。

八、建構幼兒文化認同。

九、啓發幼兒關懷環境。

第12條

幼兒園之教保服務內容如下：

一、提供生理、心理及社會需求滿足之相關服務。

二、提供營養、衛生保健及安全之相關服務。

三、提供適宜發展之環境及學習活動。

四、提供增進身體動作、語文、認知、美感、情緒發展與人際互動等發展能力與培養基本生活能力、良好生活習慣及積極學習態度之學習活動。

五、記錄生活與成長及發展與學習活動過程。

六、舉辦促進親子關係之活動。

七、其他有利於幼兒發展之相關服務。

幼兒園教保活動課程大綱及服務實施準則，由中央主管機關定之。

第13條

直轄市、縣（市）主管機關應依相關法律規定，對接受教保服務之身心障礙幼兒，主動提供專業團隊，加強早期療育及學前特殊教育相關服務，並依相關規定補助其費用。

中央政府為均衡地方身心障礙幼兒教保服務之發展，應補助地方政府遴聘學前特殊教育專業人員之鐘點、業務及設備經費，以辦理身心障礙幼兒教保服務，其補助辦法由中央主管機關定之。

第14條

幼兒園得提供作為社區教保資源中心，發揮社區資源中心之功能，協助推展社區活動及社區親職教育。

第三章　幼兒園組織與人員資格及權益

第15條

幼兒園應進用具教保服務人員資格，且未有第二十七條第一項所列情事者，從事教保服務。

幼兒園不得借用未在該園服務之教保服務人員資格證書。

未具教保服務人員資格者，不得在幼兒園從事教保服務。

教保服務人員資格證書不得提供或租借予他人使用。

教保服務人員每年至少參加教保專業知能研習十八小時以上；其實施辦法，由中央主管機關定之。

第16條

為提升教保服務品質，幼兒園應建立教保服務人員參與教保服務及員工權益重要事務決策之機制。

各級主管機關應協助教保服務人員成立各級教保服務人員組織，並協助其訂定工作倫理守則。

第17條

幼兒園應提供教保服務人員下列資訊：

一、人事規章及相關工作權益。

二、教保服務人員資格審核之結果。

三、在職成長進修研習機會。

四、參加教保服務人員組織權益。

第18條

幼兒園二歲以上未滿三歲幼兒，每班以十六人為限，且不得與其他年齡幼兒混齡；三歲以上至入國民小學前幼兒，每班以三十人為限。但離島、偏鄉及原住民族地區之幼兒園，因區域內二歲以上未滿三歲幼兒之人數稀少，致其招收人數無法單獨成班者，得報直轄市、縣（市）主管機關同意後，以二歲以上至入國民小學前幼兒進行混齡編班，每班以十五人為限。

幼兒園除公立學校附設者及分班免置園長外，應置下列專任教保服務人員：

一、園長。

二、幼兒園教師、教保員或助理教保員。

幼兒園及其分班除園長外，應依下列方式配置教保服務人員：

一、招收二歲以上至未滿三歲幼兒之班級，每班招收幼兒八人以下者，應置教保服務人員一人，九人以上者，應置教保服務人員二人；第一項但書所定情形，其教保服務人員之配置亦同。

二、招收三歲以上至入國民小學前幼兒之班級，每班招收幼兒十五人以下者，應置教保服務人員一人，十六人以上者，應置教保服務人員二人。

幼兒園有五歲至入國民小學前幼兒之班級，其配置之教保服務人員，每班應有一人以上為幼兒園教師。

幼兒園助理教保員之人數，不得超過園內教保服務人員總人數之三分之一。

幼兒園得視需要配置學前特殊教育教師及社會工作人員。

幼兒園及其分班合計招收幼兒總數六十人以下者，得以特約或兼任方式

置護理人員；六十一人至二百人者，應以特約、兼任或專任方式置護理人員；二百零一人以上者，應置專任護理人員一人以上。但國民中、小學附設之幼兒園，其校內已置有專任護理人員者，得免再置護理人員。

公立學校附設幼兒園置主任，由校長就專任幼兒園教師中聘兼之，其達一定規模者，應為專任；幼兒園達一定規模，得分組辦事，置組長，並由教師或教保員兼任之；幼兒園分班置組長，並由教師、教保員兼任之；附設幼兒園達一定規模及直轄市、縣（市）、鄉（鎮、市）、直轄市山地原住民區設立之幼兒園得置專任職員；幼兒園應置廚工。

公立學校附設幼兒園除依第二項及第三項規定配置教保服務人員外，每園應再增置教保服務人員一人。

幼兒園之行政組織及員額編制標準，由中央主管機關定之。

幼兒園有招收身心障礙幼兒之班級，得酌予減少第一項所定班級人數；其減少班級人數之條件及核算方式，由直轄市、縣（市）主管機關定之。

直轄市、縣（市）主管機關為因應天然災害發生或其他緊急安置情事，有安置幼兒之必要者，應依下列規定辦理，不受第一項及第三項規定之限制：

一、當學年度招收二歲以上至未滿三歲幼兒，或依第一項但書規定混齡招收二歲以上至入國民小學前幼兒之班級，每招收幼兒八人，得另行安置一人。

二、當學年度招收三歲以上至入國民小學前幼兒之班級，每招收幼兒十五人，得另行安置一人。

三、幼兒園於次學年度起，除該學年度無幼兒離園者仍應依前二款規定辦理外，每班招收人數，應依第一項規定辦理。

幼兒園之教保員或代理教師，有下列情形之一且於本法中華民國一百零四年六月十五日修正之條文施行之日起十年內修畢幼兒園師資職前教育課程，取得修畢幼兒園師資職前教育證明書者，在依法取得幼兒園教師資格前，得在幼兒園替代五歲至國民小學前幼兒之班級所需幼兒園教師，繼續擔任教保服務工作；私立幼兒園以其替代教師編制員額者，其待遇應比照園內教師辦理：

一、本法施行前已於托兒所任職，於本法施行後轉換職稱為教保員，且持續任職。

二、符合第五十五條第五項規定之代理教師已取得教保員資格，且於本法施行後持續任職。

前項幼兒園師資職前教育課程依師資培育法規定開設，並得採遠距教

學、專題研究或工作坊之方式辦理；政府得視需要補助前項各款人員修
習幼兒園師資職前教育課程之學分費；其補助條件、補助額度及其他應
遵行事項之辦法，由中央主管機關定之。

第19條

幼兒園園長除本法另有規定外，應同時具備下列各款資格：

一、具幼兒園教師或教保員資格。

二、在幼兒園（含本法施行前之幼稚園及托兒所）擔任教師或教保員五
　　年以上。

三、經直轄市、縣（市）主管機關自行或委託設有幼兒教育、幼兒保育
　　相關科系、所、學位學程之專科以上學校辦理之幼兒園園長專業訓
　　練及格。

前項第二款之服務年資證明應由服務之幼兒園開立，或得檢附勞工保險
局核發之勞工保險被保險人投保證明文件，並均應經直轄市、縣（市）
主管機關確認其服務事實。

第一項第三款之專業訓練資格、課程、時數及費用等相關事項之辦法，
由中央主管機關定之。

第20條

幼兒園教師應依師資培育法規定取得幼兒園教師資格；幼兒園教師資格
於師資培育法相關規定未修正前，適用幼稚園教師資格之規定。

第21條

教保員除本法另有規定外，應具備下列資格之一：

一、國內專科以上學校或經教育部認可之國外專科以上學校幼兒教育、
　　幼兒保育相關系、所、學位學程、科畢業。

二、國內專科以上學校或經教育部認可之國外專科以上學校非幼兒教
　　育、幼兒保育相關系、所、學位學程、科畢業，並修畢幼兒教育、
　　幼兒保育輔系或學分學程。

前項相關系、所、學位學程、科、輔系及學分學程之認定標準，由中央
主管機關定之。

第22條

幼兒園助理教保員除本法另有規定外，應具國內高級中等學校幼兒保育
相關學程、科畢業之資格。

前項相關學程及科之認定標準，由中央主管機關定之。

第23條

幼兒園教保服務人員之資格、權益、管理及申訴評議等事項，於本法施
行之日起三年內，另以法律規定並施行。

第24條

幼兒園依本法聘用之社會工作人員及護理人員，其資格應符合相關法律規定。

第25條

直轄市、縣（市）、鄉（鎮、市）設立之公立幼兒園其專任園長，除依第五十六條第二項第一款規定由公立托兒所所長轉換取得資格者仍依公務人員任用法之相關法令於原機構任用外，應由具公立幼兒園現職教師資格者擔任，其考核、解聘、停聘或不續聘、待遇、退休、撫卹、保險、福利及救濟事項，準用公立國民小學校長之規定。

前項公立幼兒園專任園長之遴選、聘任、聘期，及公立學校附設幼兒園專任主任之任期等相關事項之自治法規，由直轄市、縣（市）主管機關定之。

公立幼兒園編制內有給職專任之教師，其考核、聘任、解聘、停聘或不續聘、遷調、介聘、待遇、退休、撫卹、保險、福利及救濟事項，準用公立國民小學教師之規定。

公立托兒所改制為公立幼兒園後，原公立托兒所依公務人員任用法任用之人員及依雇員管理規則僱用之人員，於改制後繼續於原機構任用，其服務、懲戒、考績、訓練、進修、俸給、保險、保障、結社、退休、資遣、撫卹、福利及其他權益事項，依其原適用之相關法令辦理；並得依改制前原適用之組織法規，依規定辦理陞遷及銓敘審定；人事、會計人員之管理，與其他公務人員同。

公立幼兒園第一項、第三項及第四項以外之教保員、助理教保員及其他人員，依勞動基準法相關規定，以契約進用；其權利義務於契約明定；其進用程序、考核及待遇等相關事項之辦法，由中央主管機關定之。

公立幼稚園、公立托兒所依本法改制為公立幼兒園，原依聘用人員聘用條例、行政院暨所屬機關約僱人員僱用辦法聘用及僱用之人員，及現有工友（含技工、駕駛），依其原適用之相關法令規定辦理。

公立幼兒園之教保服務人員因婚、喪、疾病、分娩或其他正當事由得請假；其假別、日數、請假程序、核定權責與違反之處理及其他相關事項之辦法，由中央主管機關定之。

第26條

私立幼兒園人員，其勞動條件，依勞動基準法及其他相關法規辦理；法規未規定者，得經直轄市、縣（市）主管機關邀集代表勞資雙方組織協商之。教保服務人員應由私立幼兒園自行進用，不得以派遣方式為之。

私立幼兒園專任教師之聘任、待遇、進修與研究、退休、撫卹、離職、

資遣、保險、教師組織、申訴及訴訟，於本法施行前已準用教師法相關規定者，仍依其規定辦理。

私立幼兒園，其園長由董事會遴選合格人員聘任；未設董事會者，由負責人遴選合格人員聘任，並均報請所在地直轄市、縣（市）主管機關核定。

第27條

教保服務人員或其他人員有下列情事之一者，不得在幼兒園服務：

一、曾有性侵害、性騷擾或虐待兒童行為，經判刑確定或通緝有案尚未結案。

二、行為不檢損害兒童權益，其情節重大，經有關機關查證屬實。

三、罹患精神疾病尚未痊癒，不能勝任教保工作。

四、其他法律規定不得擔任各該人員之情事。

教保服務人員或在幼兒園服務之其他人員，有前項各款情形之一者，除第三款情形得依規定辦理退休或資遣，及第四款情形依其規定辦理外，應予以免職、解聘或解僱。

教保服務人員或在幼兒園服務之其他人員有前項情形者，幼兒園應報直轄市、縣（市）主管機關備查，直轄市、縣（市）主管機關應將處理情形通報其他直轄市、縣（市）主管機關。

第28條

有下列情事之一者，不得擔任幼兒園之負責人、董事長及董事：

一、有前條第一項第一款及第二款所列事項者。

二、曾犯內亂、外患罪，經判決確定或通緝有案尚未結案者。

三、曾服公務因貪汙瀆職，經判決確定或通緝有案尚未結案者。

四、褫奪公權尚未復權者。

五、曾任公務人員受撤職或休職處分，其停止任用或休職期間尚未屆滿者。

六、受破產宣告尚未復權者。

七、無行為能力或限制行為能力者。

幼兒園負責人有前項第一款情形者，直轄市、縣（市）主管機關應廢止其幼兒園設立許可；屬法人者，其董事長、董事有前項第一款情形者，直轄市、縣（市）主管機關應令其更換。

第四章　幼兒權益保障

第29條

幼兒園應就下列事項訂定管理規定、確實執行，並定期檢討改進：

一、環境、食品衛生及疾病預防。

二、安全管理。

三、定期檢修各項設施安全。

四、各項安全演練措施。

五、緊急事件處理機制。

第30條

幼兒進入及離開幼兒園時，幼兒園應實施保護措施，確保其安全。

幼兒園接送幼兒應以經直轄市、縣（市）主管機關核准之幼童專用車輛為之；其規格、標識、顏色、載運人數應符合法令規定，並經公路監理機關檢驗合格；該車輛之駕駛人應具有職業駕駛執照，並配置具教保服務人員資格，或年滿二十歲以上之隨車人員隨車照護，維護接送安全。

前項幼童專用車輛、駕駛人及其隨車人員之督導管理及其他應遵行事項之辦法，由中央主管機關會同交通部定之。

幼兒園新進用之駕駛人及隨車人員，應於任職前最近一年內接受基本救命術訓練八小時以上；任職後每二年應接受基本救命術訓練八小時以上、交通安全相關課程三小時以上及緊急救護情境演習一次以上。直轄市、縣（市）主管機關辦理相關訓練、課程或演習時，幼兒園應予協助。

第31條

幼兒園應建立幼兒健康管理制度。直轄市、縣（市）衛生主管機關辦理幼兒健康檢查時，幼兒園應予協助，並依檢查結果，施予健康指導或轉介治療。

幼兒園應將幼兒健康檢查、疾病檢查結果、轉介治療及預防接種等資料，載入幼兒健康資料檔案，並妥善管理及保存。

前項預防接種資料，家長或監護人應於幼兒入園或學年開始後一個月內提供幼兒園。

家長或監護人未提供前項資料者，幼兒園應通知家長或監護人提供；家長或監護人未於接獲通知一個月內提供者，幼兒園應通知衛生主管機關。

幼兒園、教保服務人員及其他人員對前項幼兒資料應予保密。但經家長同意或依其他法律規定應予提供者，不在此限。

第32條

幼兒園應依第八條第五項之基本設施設備標準設置保健設施，作為健康管理、緊急傷病處理、衛生保健、營養諮詢及協助健康教學之資源。

幼兒園新進用之教保服務人員，應於任職前最近一年內接受基本救命術訓練八小時以上；任職後每二年應接受基本救命術訓練八小時以上、安

全教育相關課程三小時以上及緊急救護情境演習一次以上。直轄市、縣（市）主管機關辦理相關訓練、課程或演習時，幼兒園應予協助。

前項任職後每二年之訓練時數，得併入教保專業知能研習時數計算。

幼兒園為適當處理幼兒緊急傷病，應訂定施救步驟、護送就醫地點，呼叫緊急救護專線支援之注意事項及家長未到達前之處理措施等規定。

第33條

幼兒園應辦理幼兒團體保險；其範圍、金額、繳退費方式、期程、給付標準、權利與義務、辦理方式及其他相關事項之自治法規，由直轄市、縣（市）主管機關定之。

幼兒申請理賠時，幼兒園應主動協助辦理。

各級主管機關應為所轄之公私立幼兒園投保場所公共意外責任保險，其經費，由中央主管機關按年度編列預算支應之。

第五章　家長之權利及義務

第34條

幼兒園得成立家長會；其屬國民中、小學附設者，併入該校家長會辦理。

前項家長會得加入地區性學生家長團體。

幼兒園家長會之任務、組織、運作及其他相關事項之自治法規，由直轄市、縣（市）主管機關定之。

第35條

父母或監護人及各級學生家長團體得請求直轄市、縣（市）主管機關提供下列資訊，該主管機關不得拒絕：

一、教保服務政策。

二、教保服務品質監督之機制及作法。

三、許可設立之幼兒園名冊。

四、幼兒園收退費之相關規定。

五、幼兒園評鑑報告及結果。

第36條

幼兒園應公開下列資訊：

一、教保目標及內容。

二、教保服務人員及其他人員之學（經）歷、證照。

三、衛生、安全及緊急事件處理措施。

第37條

父母或監護人對幼兒園提供之教保服務方式及內容有異議時，得請求幼兒園提出說明，幼兒園無正當理由不得拒絕，並視需要修正或調整之。

第38條

直轄市、縣（市）層級學生家長團體及教保服務人員組織得參與直轄市、縣（市）主管機關對幼兒園評鑑之規劃。

第39條

幼兒園之教保服務有損及幼兒權益者，其父母或監護人，得向幼兒園提出異議，不服幼兒園之處理時，得於知悉處理結果之日起三十日內，向幼兒園所在地之直轄市、縣（市）主管機關提出申訴，不服主管機關之評議決定者，得依法提起訴願或訴訟。

直轄市或縣（市）主管機關為評議前項申訴事件，應召開申訴評議會；其成員應包括主管機關代表、教保團體代表、幼兒園行政人員代表、教保服務人員團體代表、家長團體代表及法律、教育、心理或輔導學者專家，其中非機關代表人員不得少於成員總額二分之一，任一性別成員應占成員總數三分之一以上；其組織及評議等相關事項之自治法規，由直轄市、縣（市）主管機關定之。

第40條

父母或監護人應履行下列義務：

一、依教保服務契約規定繳費。

二、參加幼兒園因其幼兒特殊需要所舉辦之個案研討會或相關活動。

三、參加幼兒園所舉辦之親職活動。

四、告知幼兒特殊身心健康狀況，必要時並提供相關健康狀況資料。

第六章　幼兒園管理、輔導及獎助

第41條

幼兒園受託照顧幼兒，應與其父母或監護人訂定書面契約。

前項書面契約之格式、內容，中央主管機關應訂定書面契約範本供參。

第42條

公私立幼兒園之收費項目、用途及公立幼兒園收費基準之自治法規，由直轄市、縣（市）主管機關定之。

私立幼兒園得考量其營運成本，依直轄市、縣（市）主管機關所定之收費項目及用途訂定收費數額，於每學年度開始前對外公布，並報直轄市、縣（市）主管機關備查後，向就讀幼兒之家長或監護人收取費用。

公私立幼兒園之收退費基準、減免收費規定，應至少於每學期開始前一個月公告之。

幼兒因故無法繼續就讀而離園者，幼兒園應依其就讀期間退還幼兒所繳費用；其退費項目及基準之自治法規，由直轄市、縣（市）主管機關定之。

第43條

直轄市、縣（市）主管機關對主管之幼兒園及以社區互助式或部落互助式方式對幼兒提供教保服務者，其優先招收經濟、文化、身心、族群及區域等不利條件幼兒，應提供適切之協助或補助。

直轄市、縣（市）主管機關辦理前項協助或補助事項有經費不足情形，中央主管機關應視其財力予以補助。

前二項協助或補助之辦法，由中央主管機關定之。

第44條

幼兒園各項經費收支保管及運用，應設置專帳處理；其收支應有合法憑證，並依規定年限保存。

私立幼兒園會計帳簿與憑證之設置、取得、保管及其他應遵行事項，應依相關稅法規定辦理。

法人附設幼兒園之財務應獨立。

第45條

直轄市、縣（市）主管機關應對幼兒園辦理檢查、輔導及評鑑。

幼兒園對前項檢查、評鑑不得規避、妨礙或拒絕。

第一項評鑑應由直轄市、縣（市）主管機關自行或委託設有幼兒教育、幼兒保育相關科系、所之專科以上學校辦理，並應公布評鑑報告及結果。

第一項評鑑類別、評鑑項目、評鑑指標、評鑑對象、評鑑人員資格與培訓、實施方式、結果公布、申復、申訴及追蹤評鑑等相關事項之辦法，由中央主管機關定之。

第46條

幼兒園辦理績效卓著或其教保服務人員表現優良者，直轄市、縣（市）主管機關應予以獎勵；其獎勵事項、對象、種類、方式之自治法規，由直轄市、縣（市）主管機關定之。

第七章　罰則

第47條

有下列情形之一者，處負責人或行為人新臺幣六萬元以上三十萬元以下罰鍰，並令其停辦；其拒不停辦者，並得按次處罰：

一、違反第八條第一項規定，未經許可設立即招收幼兒進行教保服務。

二、未依第十條所定辦法登記，即招收幼兒進行教保服務。

有前項各款情形之一者，直轄市、縣（市）主管機關並應公告場所地址及負責人或行為人之姓名。

第48條

幼兒園之負責人、教保服務人員或其他人員，無正當理由洩漏所照顧幼兒資料者，處新臺幣三萬元以上十五萬元以下罰鍰，並得按次處罰。

第49條

違反第十五條第三項、第四項規定者，處行為人新臺幣六千元以上三萬元以下罰鍰，並得按次處罰。

第50條

社區互助式教保服務之人員違反依第十條所定辦法有關人員資格、檢查、管理、環境、衛生保健之強制或禁止規定者，應命其限期改善，屆期仍未改善者，處新臺幣三千元以上三萬元以下罰鍰，並得按次處罰，其情節重大或經處罰三次後，仍未改善者，得廢止其登記。

第51條

幼兒園有下列情形之一者，處幼兒園負責人新臺幣六千元以上三萬元以下之罰鍰，並令其限期改善，屆期仍未改善者，得按次處罰，其情節重大或經處罰三次後仍未改善者，得為減少招收人數、停止招收六個月至一年、停辦一年至三年或廢止設立許可之處分：

一、違反第十五條第一項規定，進用未具教保服務人員資格者從事教保服務。

二、違反第十五條第二項規定，借用未在該園服務之教保服務人員資格證書。

三、違反第二十六條第一項規定，以派遣方式進用教保服務人員。

四、違反第二十七條第二項規定，知悉園內有不得擔任教保服務人員或其他人員而未依規定處理。

五、違反第二十八條第二項規定，幼兒園之董事長或董事有不得擔任該項職務之情形而未予以更換。

六、違反第三十條第二項規定，以未經核准之車輛載運幼兒、載運人數超過汽車行車執照核定數額、未依幼童專用車輛規定接送幼兒、未配置具教保服務人員資格或年滿二十歲以上之隨車人員隨車照護幼兒。

七、違反第三十三條第一項規定，未辦理幼兒團體保險。

八、違反第四十二條第二項規定，未將收費數額報直轄市、縣（市）主管機關備查、以超過備查之數額及項目收費，或未依第四十二條第四項所定自治法規退費。

九、違反依第四十五條第四項所定辦法有關評鑑結果列入應追蹤評鑑，且經追蹤評鑑仍未改善。

十、違反第五十六條第一項規定，幼兒園未於本法施行之日起一個月內
　　將在職人員名冊，報直轄市、縣（市）主管機關備查。

十一、招收人數超過設立許可核定數額。

十二、提供不安全之設施設備。

第52條

幼兒園有下列情形之一者，應令其限期改善，屆期仍未改善者，處幼兒
園負責人新臺幣三千元以上三萬元以下罰鍰，並得按次處罰，其情節重
大或經處罰三次後仍未改善者，得為減少招收人數、停止招收六個月至
一年、停辦一年至三年或廢止設立許可之處分：

一、違反依第八條第五項所定標準有關幼兒園之使用樓層、必要設置空
　　間與總面積、室內與室外活動空間面積數、衛生設備高度與數量，
　　及所定辦法有關幼兒園改建、遷移、擴充、更名、變更負責人或停
　　辦之規定。

二、違反依第十二條第二項所定準則有關幼兒園之教保活動、衛生保健
　　之強制或禁止規定。

三、違反第十八條第一項至第五項、第七項及第八項置廚工之規定。

四、違反第二十七條第三項規定，未將處理情形報備查，違反第三十條
　　第三項所定辦法之強制或禁止規定。

五、違反第三十二條第四項規定，未訂定注意事項及處理措施。

六、違反第四十五條第二項規定，規避、妨礙或拒絕檢查或評鑑。

七、經營許可設立以外之業務。

第53條

幼兒園有下列情形之一者，應令其限期改善，屆期仍未改善者，處幼兒
園負責人新臺幣三千元以上一萬五千元以下罰鍰，並得按次處罰，其情
節重大或經處罰三次後仍未改善者，得為減少招收人數、停止招生六個
月至一年、停辦一年至三年或廢止設立許可之處分：

一、違反第十六條第一項規定，未建立教保服務人員參與教保服務及員
　　工權益重要事務決策之機制。

二、違反第十七條規定，未提供教保服務人員相關資訊、違反第十九條
　　第二項規定，拒不開立服務年資證明。

三、違反第二十六條第三項規定，未將所聘任之園長報經直轄市、縣
　　（市）主管機關核定。

四、違反第十五條第五項、第二十九條、第三十條第一項或第四項、第
　　三十一條第一項、第二項或第四項、第三十二條第一項或第二項、
　　第三十三條第二項、第三十六條、第三十七條、第四十一條第一

項、第四十二條第三項、第四十四條規定。

幼兒園為法人，經依前項或第五十一條、第五十二條、第五十五條第一項規定廢止設立許可者，直轄市、縣（市）主管機關應通知法院令其解散。

第54條

本法所定糾正、命限期改善及處罰，由直轄市、縣（市）主管機關為之。

第八章　附則

第55條

本法施行前之公立托兒所、幼稚園或經政府許可設立、核准立案之私立托兒所、幼稚園，應自本法施行之日起一年內，申請改制為幼兒園，其園名應符合第八條第五項所定辦法之規定，屆期未申請者，應廢止其設立許可，原許可證書失其效力。但依兒童及少年福利法許可兼辦托嬰中心之私立托兒所，應於本法施行之日起二年內申請完成改制。

本法施行前私立托嬰中心已依兒童及少年福利法許可兼辦托兒所，其托兒部分符合兒童及少年福利機構設置標準專辦托兒業務及完整專用場地之規定，得獨立辦理托兒業務者，應於本法施行之日起二年內申請完成改制。

第一項托兒所依法許可設立之分班，應併同本所辦理改制作業。

前三項改制作業，應由直轄市、縣（市）主管機關通知各該幼稚園及托兒所檢具立案、備查或許可設立證明文件、建築物公共安全檢查簽證及申報辦法所定檢查期限內申報合格結果之通知書，向直轄市、縣（市）主管機關申請；其作業及其他應遵行事項之辦法，由中央主管機關定之。

依第一項至第三項規定，由原托兒所改制為幼兒園者，第十八條第四項所定人力配置，至遲應於本法中華民國一百零四年六月十五日修正之條文施行滿十年之日起符合規定；由私立幼稚園改制之幼兒園，其於本法公布前，業經直轄市、縣（市）政府核定之代理教師，於本法中華民國一百零四年六月十五日修正之條文施行之日起十年內，任職於原園者，得不受本法第十五條第一項前段及第三項規定之限制。

公立托兒所未依第一項規定改制為幼兒園經廢止設立許可者，中央主管機關應視其財力補助直轄市、縣（市）主管機關於其所在地或鄰近地區設置公立幼兒園或非營利幼兒園。

本法施行前，已依兒童及少年福利法許可兼辦托兒所者，於本法施行之日起二年內應停止辦理；已依兒童及少年福利法許可兼辦其他業務之托

兒所,除國民小學兒童課後照顧服務外,亦同。

本法施行後,各幼兒園原設立許可之空間有空餘,且主要空間可明確區隔者,得於報直轄市、縣(市)主管機關核准後,將原設立許可幼兒園之部分招生人數,轉爲兼辦國民小學階段兒童課後照顧服務之人數;其核准條件、管理及其他應遵行事項之辦法,由中央主管機關定之。

自本法施行之日起一年內,於完成改制前之托兒所、幼稚園,應由本法施行前之原主管機關依原有法令管理。

第56條

本法施行前之公立托兒所、幼稚園或經政府許可設立、核准立案之私立托兒所、幼稚園,應於本法施行之日起一個月內,將符合各該法令規定之在職人員名冊報直轄市、縣(市)主管機關備查。

本法施行前,已取得托兒所所長、幼稚園園長、助理教保人員、教保人員、幼稚園教師資格,且於本法施行之日在職之現職人員,依下列規定轉換其職稱,並取得其資格:

一、托兒所所長、幼稚園園長:轉稱幼兒園園長。

二、托兒所助理教保人員、教保人員:分別轉稱幼兒園助理教保員、教保員。

三、幼稚園教師:轉稱幼兒園教師。

第一項經備查名冊且符合前項所定轉換資格者,併同前條幼兒園改制作業辦理在職人員職稱轉換作業。

第57條

本法施行前已具下列條件,於本法施行之日未在職,而自本法施行之日起十年內任職幼兒園者,得由服務之幼兒園檢具教保服務人員名冊及相關訓練課程之結業證書,向直轄市、縣(市)主管機關申請分別取得園長、教保員、助理教保員資格,不受第十九條、第二十一條及第二十二條規定之限制:

一、業經直轄市、縣(市)政府依法核定在案之幼稚園園長、托兒所所長、已修畢兒童福利專業人員訓練實施方案戊類訓練課程,或已依兒童及少年福利機構專業人員資格及訓練辦法規定修畢托育機構主管核心課程並領有結業證書者,得取得園長資格。

二、已修畢兒童福利專業人員訓練實施方案具保育人員資格、或已依兒童及少年福利機構專業人員資格及訓練辦法規定修畢教保核心課程並領有結業證書者,得取得教保員資格。

三、已修畢兒童福利專業人員訓練實施方案具助理保育人員、或已依兒童及少年福利機構專業人員資格及訓練辦法規定修畢教保核心課程

並領有結業證書者，得取得助理教保員資格。

本法施行之日在幼稚園擔任教師，或在托兒所擔任教保人員，其於本法施行前已具前項第一款條件，於前項年限規定內任園長者，得取得園長資格。

第58條

本法施行前已依建築法取得F3使用類組（托兒所或幼稚園）之建造執照、使用執照，或已依私立兒童及少年福利機構設立許可及管理辦法規定取得籌設許可之托兒所，或依幼稚教育法規定取得籌設許可之幼稚園，於本法施行後二年內得依取得或籌設時之設施設備規定申請幼兒園設立許可，其餘均應依本法第八條第五項設施設備之規定辦理。

第59條

本法施行細則，由中央主管機關定之。

第60條

本法自中華民國一百零一年一月一日施行。

2. 幼兒園評鑑辦法

發布日期：民國101年5月4日

第1條

本辦法依幼兒教育及照顧法（以下簡稱本法）第四十五條第四項規定訂
定之。

第2條

幼兒園應依本辦法規定接受評鑑。

幼兒園設有分班者，應與其本園於同學年度分別接受評鑑。

第3條

為建立完善幼兒園評鑑制度，教育部（以下簡稱本部）應規劃下列幼兒
園評鑑事項：

一、研究及規劃幼兒園評鑑制度。

二、建立幼兒園評鑑指標。

三、規劃幼兒園專業認證評鑑委員培訓課程，並辦理評鑑委員培訓。

四、建置幼兒園專業認證評鑑委員人才庫。

五、蒐集分析國內外幼兒園評鑑相關資訊。

六、其他與評鑑制度相關之事項。

第4條

幼兒園評鑑之類別如下：

一、基礎評鑑：針對設立與營運、總務與財務管理、教保活動課程、人
　　事管理、餐飲與衛生管理、安全管理等類別進行評鑑。

二、專業認證評鑑：針對園務領導、資源管理、教保活動課程、評量與
　　輔導、安全與健康、家庭與社區等類別中，與幼兒園教保專業品質
　　有關之項目進行評鑑。

三、追蹤評鑑：針對基礎評鑑未通過之項目，依原評鑑指標辦理追蹤評
　　鑑。

前項各類評鑑，均應以實地訪視為之，其評鑑指標，由本部公告之。

第5條

基礎評鑑由直轄市、縣（市）主管機關自行規劃辦理，自中華民國一百
零二年八月起，至多以每五學年為一週期，進行轄區內所有幼兒園之評
鑑；幼兒園均應接受該評鑑。

幼兒園於通過前項基礎評鑑後，得申請接受專業認證評鑑。專業認證評
鑑由直轄市、縣（市）主管機關自行辦理，或委託設有幼兒教育、幼兒

保育相關科系、所之專科以上學校辦理。專業認證評鑑，得依幼兒園之規模，以一日至二日完成實地訪視；其評鑑委員，以二人或三人為原則。

幼兒園於接受前二項評鑑前，應依本部公告之基礎評鑑指標及專業認證評鑑指標完成自我評鑑，並將自我評鑑結果報直轄市、縣（市）主管機關，作為實施各該評鑑之參考。

第6條

直轄市、縣（市）主管機關應依下列規定辦理基礎評鑑：

一、組成評鑑小組，統籌整體評鑑事項，並得下設分組。

二、遴聘符合下列各款資格之一者，擔任評鑑委員：

（一）各直轄市、縣（市）主管機關相關業務人員。

（二）具五年以上幼兒園（含本法施行前之幼稚園及托兒所）園（所）長、教師或教保員經驗。

（三）具三年以上大專校院幼兒教育、幼兒保育相關領域課程教學經驗之教師。

（四）具四年以上學校附設幼兒園（含本法施行前之幼稚園及托兒所）之學校校長經驗。

三、編訂評鑑實施計畫，並於辦理評鑑之學年度開始六個月前公告及通知受評鑑幼兒園；計畫內容應包括評鑑對象、程序、期程、評鑑結果處理、申復、申訴、追蹤評鑑及其他相關事項。

四、辦理評鑑說明會，向受評鑑幼兒園詳細說明評鑑實施計畫、評鑑指標及判定基準。

五、辦理評鑑講習會，向評鑑委員說明評鑑實施計畫、評鑑指標及判定基準、評鑑委員之任務與角色。

六、公告評鑑結果，並將評鑑報告函送受評鑑幼兒園。

第7條

專業認證評鑑委員必須完成本部自行或委託辦理之幼兒園專業認證評鑑委員培訓課程及評鑑實習，並通過檢測，及簽署專業認證評鑑委員專業自律承諾書。

完成前項規定者，由本部發給專業認證評鑑委員證書，並公告名冊作為直轄市、縣（市）主管機關或受其委託之專科以上學校遴聘專業認證評鑑委員之依據。

第一項參加專業認證評鑑委員培訓之條件，由本部公告之。

本辦法施行前經本部自行或委託試辦專業認證評鑑委員培訓，取得證明文件者，得於本辦法施行後，發給專業認證評鑑委員證書。

第8條

前條第一項專業認證評鑑委員培訓課程之授課時數，至少三十二小時，
其課程包括下列三類：

一、評鑑制度基本概念。

二、專業認證評鑑指標。

三、評鑑技巧。

前項課程內容，由本部公告之。

第9條

專業認證評鑑委員證書有效期限為四年，符合下列各款條件者，得向本
部申請延長四年：

一、四年內曾擔任四所以上幼兒園之專業認證評鑑委員。

二、四年內未有連續二年未參加幼兒園專業認證評鑑之情形。

三、評鑑過程或結果未發生可歸責於評鑑委員之爭議事項。

專業認證評鑑委員證書有效期限屆滿而失其效力者，應依第七條規定重
新參加培訓並取得資格。

第10條

專業認證評鑑委員涉及造假、偽造評鑑紀錄等不法情事，或違反評鑑
委員專業自律事項之迴避原則及保密事項，情節嚴重者，直轄市、縣
（市）主管機關應報本部撤銷其專業認證評鑑委員資格，且不得再參與
專業認證評鑑委員培訓。

第11條

直轄市、縣（市）主管機關或受其委託之專科以上學校辦理專業認證評
鑑，準用第六條規定。但評鑑委員遴聘、實施計畫編訂、評鑑講習會辦
理、評鑑結果公布等，應依下列規定辦理：

一、評鑑委員自本部列冊之幼兒園專業認證評鑑委員遴聘之；評鑑委員
　　名單經直轄市、縣（市）主管機關核定後聘任，並報本部備查。

二、編訂評鑑實施計畫，並於辦理評鑑學年度開始一年前公告及接受幼
　　兒園申請評鑑；計畫內容應包括評鑑對象、程序、期程、評鑑結果
　　處理、申復、申訴及其他相關事項。

三、辦理評鑑講習會，向評鑑委員說明評鑑實施計畫、評鑑委員之任務
　　與角色。

四、通過專業認證評鑑之幼兒園，經直轄市、縣（市）主管機關核定
　　後，予以公告。

第12條

直轄市、縣（市）主管機關辦理基礎評鑑及追蹤評鑑，應於該學年度所

有幼兒園評鑑結束後一個月內，完成評鑑報告初稿；辦理專業認證評鑑，應於該學年度評鑑結束後三個月內，完成評鑑報告初稿。

前項評鑑報告初稿完成後，應函送各受評鑑幼兒園。

第13條

受評鑑幼兒園對前條評鑑報告初稿，認有下列情形之一者，得於收到報告初稿二星期內，載明具體理由，並檢附相關證明文件，向直轄市、縣（市）主管機關申復：

一、評鑑程序有重大違反相關評鑑實施計畫規定之情事，致生不利於受評鑑幼兒園之情形。

二、報告初稿所依據之數據、資料或其他內容，與受評鑑幼兒園接受評鑑當時之實際狀況有重大不符，致生不利於該幼兒園之情形。但不包括因評鑑當時該幼兒園所提供之資料欠缺或錯誤致其不符。

三、幼兒園對報告初稿所載內容有要求修正事項。直轄市、縣（市）主管機關認申復有理由者，應修正評鑑報告初稿；申復無理由者，維持評鑑報告初稿，並完成評鑑報告及函送受評鑑幼兒園。

第14條

受評鑑幼兒園對前條評鑑報告不服者，應於收到評鑑報告後一個月內，載明具體理由，並檢附相關證明文件，向直轄市、縣（市）主管機關申訴。

直轄市、縣（市）主管機關認申訴有理由者，應修正評鑑結果或重新辦理評鑑，其最終之評鑑報告應函送受評鑑幼兒園。

直轄市、縣（市）主管機關對受評鑑幼兒園之前條申復意見及第一項申訴意見，應制定處理機制。

第15條

基礎評鑑結果及追蹤評鑑結果公布，應包括該學年度全部接受評鑑之幼兒園園名、接受評鑑之時間，及各園評鑑報告。

專業認證評鑑結果公布，應包括該學年度通過專業認證評鑑之幼兒園園名、接受專業認證評鑑之時間，及各園評鑑報告。

直轄市、縣（市）主管機關應將前二項評鑑報告登錄於本部指定之網站，並報本部備查。

第16條

幼兒園未通過基礎評鑑者，直轄市、縣（市）主管機關應令其至遲於評鑑結果公布後六個月內完成改善；期限屆滿後，應就未通過之項目，依原評鑑指標辦理追蹤評鑑，經追蹤評鑑仍未通過者，依本法第五十一條規定辦理。

第17條

幼兒園通過專業認證評鑑者，由直轄市、縣（市）主管機關發給認可證書，並得給予獎勵。

前項專業認證評鑑認可證書之有效期限為五年，其格式由本部公告之。

第18條

通過基礎評鑑或專業認證評鑑之幼兒園，如於評鑑過程有造假情事，足以影響結果認定者；其為基礎評鑑者，直轄市、縣（市）主管機關應重新評鑑，並依評鑑結果辦理，其為專業認證評鑑者，應撤銷其資格，已發給認可證書者，撤銷認可證書，並予公告。

通過專業認證評鑑之幼兒園，於認可證書有效期限內，如有危及幼兒健康、安全之違法情事者，應廢止認可證書，並予公告。

第19條

評鑑委員及其他參與評鑑相關人員應依行政程序法相關迴避規定辦理，並對評鑑過程所獲取之各項資訊，應負保密義務，不得公開。

第20條

本部得成立訪視小組，對直轄市、縣（市）主管機關或受其委託之專科以上學校辦理之幼兒園評鑑進行實地訪查；必要時，得就評鑑規劃、設計、實施及結果報告等進行後設評鑑。

第21條

本辦法自發布日施行。

3. 社區互助式教保服務實施辦法

發布日期：民國101年7月18日

第1條

本辦法依幼兒教育及照顧法（以下簡稱本法）第十條規定訂定之。

第2條

離島、偏鄉或原住民族地區，具備下列各款要件之一者，得設立社區互助教保服務中心，提供二歲以上至入國民小學前幼兒教育及照顧服務（以下簡稱教保服務）：

一、部落或國民小學學區內未設有公、私立幼兒園，且因地理條件限制，難以覓得符合幼兒園設立要件之場地及教保服務人員。

二、國民小學學區內已設有公、私立幼兒園者，因地理條件限制，幼兒難以至該學區內幼兒園接受教保服務。

前項社區互助教保服務中心，以招收幼兒三十人為限。但情形特殊，經直轄市、縣（市）主管機關核准者，不在此限。

第3條

未依本辦法設立登記者，不得以社區互助教保服務中心或類似社區互助教保服務中心之名義，招收幼兒進行教保服務。

第4條

社區互助教保服務中心，應由財團法人、社團法人（以下簡稱法人）或人民團體（以下簡稱團體）填具申請書，並檢具下列文件，向所在地直轄市、縣（市）主管機關申請設立登記：

一、法人或團體登記證明文件影本。

二、法人或團體章程影本，且內容應載明辦理幼兒園或社區互助教保服務中心事項。

三、代表人簡歷表。

四、董事或理事名冊及國民身分證影本；置有監察人或監事者，亦同。

五、法人或團體及其董事、理事或監察人、監事之印鑑證明。

六、董事會或理事會會議決議同意辦理社區互助教保服務中心之紀錄。

七、設中心計畫書，包括名稱、地址、宗旨、預定招收幼兒人數、服務人員配置規劃及收退費基準等。

八、負責人之國民身分證影本及查閱有無性侵害犯罪加害人登記資料之同意書。

九、建築物位置圖及平面圖，並以平方公尺註明樓層、各隔間面積、用

途說明及室內外總面積。

十、建築物使用執照影本。

十一、土地及建築物使用權利證明文件（包括土地及建物登記（簿）謄
　　　本）。

十二、履行營運擔保證明影本；其擔保能力之認定基準，由直轄市、縣
　　　（市）主管機關公告之。

十三、設施設備檢核表。

社區互助教保服務中心之場地位於都市計畫以外地區，經直轄市、縣
（市）主管機關認定確無危險之虞者，於取得前項第十款所定文件前，
得以結構安全鑑定證明文件替代之；並應每年報直轄市、縣（市）主管
機關備查。

第一項第十一款土地或建築物之所有權非申請之法人或團體所有者，應
分別檢附經公證自申請日起有效期限五年以上之租賃契約或使用同意
書。但租用政府機關之土地或建築物者，其有效期限得以租用該公有場
地最高年限為之。

第5條

社區互助教保服務中心經直轄市、縣（市）主管機關核准登記者，直轄
市、縣（市）主管機關應發給設立登記證書。

社區互助教保服務中心應將前項設立登記證書懸掛於中心內之明顯處
所。

第一項設立登記證書，其應載明事項及格式如附件。

第6條

社區互助教保服務中心名稱，應冠以直轄市、縣（市）與社區名稱及設
立登記之法人或團體辦理字樣。

同一直轄市或縣（市）內之社區互助教保服務中心，不得使用相同名
稱。

第7條

社區互助教保服務中心設立登記證書之有效期限為五年；期限屆滿前有
繼續辦理之必要者，應於屆滿三個月前檢具下列文件，向直轄市、縣
（市）主管機關申請換發設立登記證書：

一、原設立登記證書。

二、第四條第一項第十款至第十三款規定之文件。

第8條

社區互助教保服務中心有變更負責人、名稱、自請停辦、延長停辦、復
辦或自請歇業之必要者，準用幼兒園與其分班設立變更及管理辦法第

十一條、第十四條及第十五條規定辦理。

第9條

直轄市、縣（市）主管機關受理第四條、第七條或前條申請後，應於二個月內完成審查。但情形特殊者，不在此限。

前項申請經直轄市、縣（市）主管機關審查未通過者，直轄市、縣（市）主管機關應將結果連同理由通知申請人。

第10條

社區互助教保服務中心設立登記證書效期屆滿，未依規定申請換發，或雖申請換發經審查未通過者，其原設立登記失其效力。

社區互助教保服務中心有前項情形，或依本法第五十條規定經直轄市、縣（市）主管機關廢止其設立登記者，直轄市、縣（市）主管機關應註銷其設立登記證書，並予公告。

第11條

社區互助教保服務中心應有固定場地，並應符合建築法相關法規之規定，其為樓層建築者，應先使用地面層一樓，使用面積不足者，始得使用二樓，二樓使用面積不足者，始得使用三樓；四樓以上，不得使用。但其場地為政府機關所有，且經直轄市、縣（市）主管機關核准者，其使用一樓至三樓順序，不在此限。

社區互助教保服務中心之場地，以專用為原則。但用地或建築物有與他人共用之情形，應區隔劃分專用之室內活動室及室外活動空間。

社區互助教保服務中心有緊鄰坡度陡峭山坡、馬路、蓄水區等情形者，應加裝護欄、圍牆或其他可阻隔之設置。

第12條

社區互助教保服務中心應設置下列空間：

一、室內活動室。

二、室外活動空間。

三、盥洗室。

四、廚房。

五、保健區。

前項第五款保健區，應設於服務人員方便照顧及適合幼兒休息之場所。

第13條

前條第一項第一款室內活動室之樓地板面積及第二款室外活動空間面積，幼兒每人均不得少於二平方公尺；其設施設備，準用幼兒園及其分班基本設施設備標準第二十一條及第二十三條規定辦理。

第14條

第十二條第一項第三款盥洗室，其衛生設備準用幼兒園及其分班基本設施設備標準第二十四條第一項第一款規定，其數量並不得少於下列規定：

一、大便器：幼兒每十五人一個。

二、小便器：幼兒每十五人一個。

三、水龍頭：幼兒每十人一個。

第15條

第十二條第一項第四款廚房之設備，應符合下列規定：

一、設置紗窗、紗門或其他防蚊蟲飛入之相關裝置。

二、設置足夠容量之冷凍、冷藏設備。

三、設置洗滌槽。

四、設置烹調器具、儲存設備。

五、殘餘物回收作業應採用有蓋分類垃圾桶及廚餘桶。

六、用電、天然氣應設有安全裝置。

七、注意排水、通風及地板防滑。

第16條

社區互助教保服務中心，其教保服務之實施，準用幼兒園教保服務實施準則規定辦理。

第17條

社區互助教保服務中心應將幼兒之生活或活動紀錄、學習評量結果、發展評量、飲食紀錄等，以書面或口語方式，與幼兒之法定代理人進行溝通，並鼓勵其參與相關活動。

第18條

社區互助教保服務中心應依下列規定配置服務人員：

一、招收二歲以上至未滿三歲幼兒，每八人應置服務人員一人，不足八人者，以八人計；招收二歲以上至入國民小學前幼兒進行混齡教保服務時，亦同。

二、招收三歲以上至入國民小學前幼兒，每十五人應置服務人員一人，不足十五人者，以十五人計。

第19條

社區互助教保服務中心之服務人員，除主任得由教師、教保員、助理教保員兼任外，應置專任之教師、教保員、助理教保員。

前項服務人員因地理條件限制有進用困難者，於進用足額前，經直轄市、縣（市）主管機關核准，得以具保母人員技術士證者替代。

社區互助教保服務中心招收具原住民身分之幼兒，其有依原住民族教育法規定提供其學習族語、歷史及文化之必要，經報直轄市、縣（市）教育及原住民族主管機關會同核准者，前二項之服務人員得依下列規定，以經原住民族族語認證且具高中職以上學歷者替代之。但不得全數替代：

一、招收具原住民身分之幼兒達百分之五十者，替代一人。

二、招收具原住民身分之幼兒達百分之九十者，替代二人。

社區互助教保服務中心應將前三項服務人員之資格證書影本，公開於明顯處所。

第20條

社區互助教保服務中心之人事管理，準用幼兒園與其分班設立變更及管理辦法第三十條至第三十二條及第三十四條規定辦理。

第21條

社區互助教保服務中心人員之進用及勞動條件，依勞動基準法及相關法規規定辦理。

第22條

社區互助教保服務中心應訂定服務人員教育訓練計畫，其訓練時數如下：

一、第十九條第一項人員：應依本法第十五條第五項及第三十二條第二項及第三項規定完成訓練。

二、第十九條第二項人員：每年至少參加教保專業知能研習（包括基本救命術訓練）三十六小時以上。

三、第十九條第三項人員：每年至少參加教保專業知能研習（包括基本救命術訓練）七十二小時以上。

第23條

社區互助教保服務中心之行政管理，準用幼兒園與其分班設立變更及管理辦法第二十七條至第二十九條規定辦理。

第24條

社區互助教保服務中心之收費，由直轄市、縣（市）主管機關衡酌其營運成本，並參照中央主管機關依本法第九條所定非營利幼兒園之收費規定訂定之。年度營運有膳餘款者，應全數作為社區互助教保服務中心設施設備之改善。

第25條

社區互助教保服務中心之衛生保健及安全管理，準用幼兒園與其分班設立變更及管理辦法第三十六條至第四十四條規定辦理。

第26條

直轄市、縣（市）主管機關每半年至少應辦理一次社區互助教保服務中心之訪視輔導；經訪視結果成效不佳者，應令其改善。

第27條

社區互助教保服務中心及其服務人員之獎勵，準用直轄市、縣（市）主管機關依本法第四十六條所定自治法規規定辦理。

第28條

社區互助教保服務中心幼兒之就學補助，準用幼兒就讀公私立幼兒園就學補助辦法所定補助項目及額度。

第29條

除第五條第三項另有規定外，本辦法所定書表格式，由直轄市、縣（市）主管機關定之。

第30條

本辦法自中華民國一百零一年一月一日施行。

4. 家庭教育法

修正日期：民國103年6月18日

第1條

為增進國民家庭生活知能，健全國民身心發展，營造幸福家庭，以建立
祥和社會，特制定本法；本法未規定者，適用其他有關法律之規定。

第2條

本法所稱家庭教育，係指具有增進家人關係與家庭功能之各種教育活
動，其範圍如下：

一、親職教育。

二、子職教育。

三、性別教育。

四、婚姻教育。

五、失親教育。

六、倫理教育。

七、多元文化教育。

八、家庭資源與管理教育。

九、其他家庭教育事項。

第3條

本法所稱主管機關：在中央為教育部；在直轄市為直轄市政府；在縣
（市）為縣（市）政府。

本法涉及各目的事業主管機關職掌時，各該機關應配合辦理。

第4條

中央主管機關掌理下列事項：

一、家庭教育法規及政策之研訂事項。

二、推展家庭教育工作之研究及發展事項。

三、推展全國性家庭教育工作之策劃、委辦及督導事項。

四、推展全國性家庭教育工作之獎助及評鑑事項。

五、家庭教育專業人員之職前及在職訓練事項。

六、家庭教育之宣導及推展事項。

七、推展國際家庭教育業務之交流及合作事項。

八、其他全國性家庭教育之推展事項。

第5條

直轄市、縣（市）主管機關掌理下列事項：

一、推展地方性家庭教育之策劃、辦理及督導事項。

二、所屬學校、機構等辦理家庭教育工作之獎助及評鑑事項。

三、家庭教育志願工作人員之在職訓練事項。

四、推展地方與國際家庭教育業務之交流及合作事項。

五、其他地方性家庭教育之推展事項。

第6條

各級主管機關應遴聘（派）學者專家、機關、團體代表組成家庭教育諮詢委員會，其任務如下：

一、提供有關家庭教育政策及法規興革之意見。

二、協調、督導及考核有關機關、團體推展家庭教育之事項。

三、研訂實施家庭教育措施之發展方向。

四、提供家庭教育推展策略、方案、計畫等事項之意見。

五、提供家庭教育課程、教材、活動之規劃、研發等事項之意見。

六、提供推展家庭教育機構提高服務效能事項之意見。

七、其他有關推展家庭教育之諮詢事項。

前項家庭教育諮詢委員會之委員遴選、組織及運作方式，由各級主管機關定之。

第7條

直轄市、縣（市）主管機關應遴聘家庭教育專業人員，設置家庭教育中心，並結合教育、文化、衛生、社政、戶政、勞工、新聞等相關機關或單位、學校及大眾傳播媒體辦理下列事項：

一、各項家庭教育推廣活動。

二、志願工作人員人力資源之開發、培訓、考核等事項。

三、國民之家庭教育諮詢及輔導事項。

四、其他有關家庭教育推展事項。

前項家庭教育專業人員之資格、遴聘及培訓辦法，由中央主管機關定之。

第一項家庭教育中心之組織規程，由各級主管機關定之。

本法公布施行前，各直轄市、縣（市）政府依規定已進用之家庭教育中心專業人員，經主管機關認定為績優並符合第二項專業人員資格者，得依業務需要優先聘用之。

第8條

推展家庭教育之機構、團體如下：

一、家庭教育中心。

二、各級社會教育機構。

三、各級學校。

四、各類型大眾傳播機構。

五、其他與家庭教育有關之公私立機構或團體。

第9條

推展家庭教育機構、團體得徵訓志願工作人員，協助家庭教育之推展。

第10條

各級主管機關應對推展家庭教育之專業人員、行政人員及志願工作人員，提供各種進修課程或訓練；其課程或訓練內容、由各該主管機關定之。

第11條

家庭教育之推展，以多元、彈性、符合終身學習為原則，依其對象及實際需要，得採演講、座談、遠距教學、個案輔導、自學、參加成長團體及其他方式為之。

第12條

高級中等以下學校每學年應在正式課程外實施四小時以上家庭教育課程及活動，並應會同家長會辦理親職教育。

各級主管機關應積極鼓勵師資培育機構，將家庭教育相關課程列為必修科目或通識教育課程。

第13條

中央主管機關得視需要研訂優先接受家庭教育服務之對象及措施並推動之；必要時，得委託直轄市、縣（市）主管機關或推展家庭教育機構、團體辦理。

前項優先對象及推動措施之方式，由中央主管機關定之。

第14條

直轄市、縣（市）主管機關應結合政府及民間資源，提供民眾四小時以上家庭教育課程，以培養正確之婚姻觀念，促進家庭美滿；必要時，得研訂獎勵措施，鼓勵民眾參加。

第15條

高級中等以下學校於學生有重大違規事件或特殊行為，應即通知其家長或監護人及實際照顧學生之人；並提供相關家庭教育諮商或輔導之課程；其內容、時數、家長參與、家庭訪問及其他相關事項之辦法，由該管主管機關定之。

家長或監護人及實際照顧學生之人被通知參與相關家庭教育諮商或輔導之課程，經書面通知三次以上未出席者，該管主管機關得委託推展家庭教育機構、團體進行訪視。

該管主管機關所屬或受其委託之機構、團體進行訪視時,學生之家長或
監護人及實際照顧學生之人、師長或其他有關之人應予配合或提供相關
資料;必要時,該管主管機關並得請求其他相關機關或機構協助,被請
求之機關或機構應予配合。

前項受委託之機構、團體或進行訪視之人員,因職務上所知悉個案之秘
密或隱私及所製作或持有之相關文書,應予保密,非有正當理由,不得
洩漏或公開。

第16條

中央主管機關得委託相關機構、學校,進行各類家庭教育課程、教材之
研發。

第17條

各級主管機關應寬籌家庭教育經費,並於教育經費預算內編列專款,積
極推展家庭教育。

第18條

各級主管機關應研訂獎助事項,鼓勵公私立學校及機構、團體、私人辦
理推展家庭教育之工作。

第19條

本法施行細則,由中央主管機關定之。

第20條

本法自公布日施行。

5. 家庭教育法施行細則

修正日期：民國103年8月1日

第1條

本細則依家庭教育法（以下簡稱本法）第十九條規定訂定之。

第2條

本法第二條用詞，定義如下：

一、親職教育：指增進父母職能之教育活動。

二、子職教育：指增進子女本分之教育活動。

三、性別教育：指增進性別知能之教育活動。

四、婚姻教育：指增進夫妻關係之教育活動。

五、失親教育：指增進因故未能接受父母一方或雙方教養之未成年子女家庭生活知能之教育活動。

六、倫理教育：指增進家族成員相互尊重及關懷之教育活動。

七、多元文化教育：指增進家族成員對多元文化理解及尊重之教育活動。

八、家庭資源與管理教育：指增進家庭各類資源運用及管理之教育活動。

第3條

本法所稱志願工作人員，指由推展家庭教育機構、團體，依志願服務法相關規定召募、訓練及實習，並經考核通過者。

第4條

本法第十一條所定家庭教育之推展，以多元、彈性、符合終身學習為原則，指推展家庭教育機構、團體，依教育對象及其需求，調整課程內容及實施方式；對個人家庭教育知能之增進，依其人生全程發展階段之不同，提供其所需知能。

第5條

高級中等以下學校依本法第十二條第一項規定，在正式課程外實施之家庭教育課程及活動，應依學生身心發展、家庭狀況、學校人力、物力，結合社區資源為之，並於學校行事曆載明。

第6條

各級主管機關依本法第十二條第二項規定，鼓勵師資培育機構辦理家庭教育相關課程，得以獎勵或補助等方式為之。

第7條

直轄市、縣（市）主管機關依本法第十四條規定，辦理家庭教育課程，應依民眾之需求規劃適當內容。必要時，並得邀集相關主管機關、團體等共同研訂實施計畫、推展策略及獎勵措施。

前項家庭教育課程得包括下列內容：

一、婚姻意義、願景及承諾。

二、解決婚姻及家庭問題之能力。

三、經營婚姻及家庭生活相關資源之取得。

第8條

各級主管機關依本法第十八條規定訂定獎助事項時，應明定獎助之對象、項目及基準等事項。

各級主管機關辦理前項獎助時，應定期對辦理推展家庭教育工作之公私立學校及機構、團體、私人實施評鑑。

第9條

本細則自發布日施行。

我們的粉絲專頁終於成立囉！

2015年5月，我們新成立了【五南圖書　教育／傳播網】粉絲專頁，期待您按讚加入，成為我們的一分子。在粉絲專頁這裡，我們提供新書出書資訊，以及出版消息您可閱讀、可訂購、可留言。

當然我們也會提供不定時的小驚喜或書籍折扣給您。

期待更好，有您的加入，我們會更加努力。

【五南圖書　教育／傳播網】臉書粉絲專頁

五南文化事業機構其他相關粉絲專頁

五南圖書 法律／政治／公共行政

五南財經異想世界

五南圖書中等教育處編輯室

五南圖書 史哲／藝術／社會類

五南圖書 科學總部

台灣書房

富野由悠季《影像的原則》台灣版　10月上市！！

魔法青春旅程－4到9年級學生性教育的第一本書

五南文化廣場

橫跨各領域的專業性、學術性書籍
在這裡必能滿足您的絕佳選擇！

國家圖書館出版品預行編目資料

幼兒園、家庭與社區：理論與實務／林佳芬
著.--二版--.--臺北市：五南圖書出版股份有
限公司,2016.01
　面；　公分.
　ISBN 978-957-11-8385-5（平裝）
1.學前教育 2.家庭與學校 3.學校與社區
523.2　　　　　　　　　　104021852

1IYF

幼兒園、家庭與社區
理論與實務

作　　　者 ― 林佳芬(115.7)

發 行 人 ― 楊榮川

總 經 理 ― 楊士清

總 編 輯 ― 楊秀麗

副總編輯 ― 黃文瓊

責任編輯 ― 李敏華

封面設計 ― 王麗娟

出 版 者 ― 五南圖書出版股份有限公司

地　　　址：106台北市大安區和平東路二段339號4樓

電　　　話：(02)2705-5066　傳　　　真：(02)2706-6100

網　　　址：https://www.wunan.com.tw

電子郵件：wunan@wunan.com.tw

劃撥帳號：01068953

戶　　　名：五南圖書出版股份有限公司

法律顧問　林勝安律師事務所　林勝安律師

出版日期　2014 年 3 月初版一刷
　　　　　2016 年 1 月二版一刷
　　　　　2021 年 2 月二版四刷

定　　　價　新臺幣300元

經典永恆・名著常在

五十週年的獻禮 —— 經典名著文庫

五南，五十年了，半個世紀，人生旅程的一大半，走過來了。
思索著，邁向百年的未來歷程，能為知識界、文化學術界作些什麼？
在速食文化的生態下，有什麼值得讓人雋永品味的？

歷代經典・當今名著，經過時間的洗禮，千錘百鍊，流傳至今，光芒耀人；
不僅使我們能領悟前人的智慧，同時也增深加廣我們思考的深度與視野。
我們決心投入巨資，有計畫的系統梳選，成立「經典名著文庫」，
希望收入古今中外思想性的、充滿睿智與獨見的經典、名著。
這是一項理想性的、永續性的巨大出版工程。
不在意讀者的眾寡，只考慮它的學術價值，力求完整展現先哲思想的軌跡；
為知識界開啟一片智慧之窗，營造一座百花綻放的世界文明公園，
任君遨遊、取菁吸蜜、嘉惠學子！